臨済録に学ぶ

いかに自己を創り上げるか

臨済宗円覚寺派管長
横田南嶺
Yokota Nanrei

致知出版社

『臨済録』を講じるにあたって

「コロナ禍」「緊急事態宣言」「ロックダウン」「三密」「オンライン」「リモート」「対面」……。

令和二年（二〇二〇）、夏には東京オリンピックが開催されると期待に胸をふくらませていたのが、こんな聞いたことのない言葉や、あまり使わなかった言葉が、世の中にあふれるようになりました。

四月には、全国の学校が休校になり、五月のゴールデンウィークには、ほとんど誰も外出しないという事態になりました。

電車に乗っても、誰もつり革を持つ人がいないという異様な光景を目にするようになりました。大きな変化でありました。私など五十数年の人生では経験したことのないものでした。

これから世の中はどうなるのかという言い知れぬ不安に襲われました。これは将来歴史に残る一ページに、今自分たちは置かれているのだろうと感じていました。

お寺の暮らしも大きく変わりました。激変と言っていいでしょう。本来、広い寺というのは多くの人が集まることができるようにと造られたものです。そこに人が集まってはいけないということになったのです。

「不要不急」という言葉にも苦しめられることになりました。「不要不急の外出は控えてください」という一語によって、寺を訪れる人はいなくなってしまいました。

またそれまで大勢の人が集まっていた、お寺の坐禅会、法話会、研修会などはすべて中止せざるを得なくなり、文字通りの閑古鳥の鳴く寺になったのでした。

多くの人が不安になっている時こそ、何かできることはないか、いろいろと考えて行ったのが、オンラインの活動でありました。これまで寺ではあまり取り組むことのなかった分野です。慣れないことでありましたので、試行錯誤を繰り返しました。直接会って伝えるのとは違って、なんとも言えないもどかしさを感じながらも、それでも何かを伝えなければ、何かを届けなければという思いで行ってきました。

そんな試行錯誤を繰り返す令和二年の九月に、この致知出版社主催の『臨済録』に学ぶ人間学講座が始まりました。致知出版社のセミナーは何度も行ってきましたが、受講者が誰もいないところで語るのは全く初めてのことでした。

しかし、歴史を学ぶと、唐代の禅僧たちは、激しい歴史の変動の中にあっても実にいきいきと主体性を失うことなく活動していたことがわかります。武宗の仏教大弾圧もありましたが、禅僧たちは、たとえ寺が潰されても、仏像が壊されても、経典が燃されても、それにめげることなく、かえっていきいきと生き抜いていたのでした。『臨済録』には、そんな激動の時代を生き抜いた臨済義玄禅師の力強い言葉が満ちあふれています。「よし、今こそ『臨済録』だ」と思ったのでした。

そこで古来難解と言われる『臨済録』から今学ぶべきこととして次の三つを掲げてみました。

一　無位の真人
　　自己の素晴らしさに目覚める

二　随処に主と作《な》る
　　どんなところでも主体性を持つ

三　活潑潑地《かっぱつぱつじ》
　　いきいきと生きる

この三つのことを伝えたいと思って講義をしました。

しかしながら、オンラインでの講義というのはかなり苦労しました。何せ聴衆のいないところで話をするのであります。目の前にいるのは、撮影のスタッフのみでありますから、この致知出版社の方に講義をするのだと思って努力をしたものでした。ところが少しおもしろいことを言ってみても、誰も笑いません。反応の無い中で語るのは、流水に文字を書くようにはかないものでした。

オンラインということにまだ慣れない頃に始めたので、受講者もさらに減ってしまいました。それでも逆境の中を生き抜いた禅僧たちに学ぼうと心を奮い起こして全五回の講義をしました。

本書はコロナ禍の最中、オンラインで行っていることを念頭に読んでいただきたいと思います。

五回の講義で『臨済録』をすべて講じることは無理であります。全体の構成を練って、まず第一回は、「心を伝える」と題して「臨済録に到るまで」の過程を話しました。臨済禅師は、「仏とは今私の目の前でこの話を聴いているあなた自身だ」と力強く説かれました。しかし、仏というのが遠い彼方にある努力目標のように思われていたところから、臨済禅師の教えのようになるには、色々な経緯がありました。そのことについて禅の初祖と呼ばれる達磨大師の教えから学び、そして臨済禅師の思想の根幹になると言ってもいい馬祖道一禅師について学びました。

第二回は「自己に目覚める」と題して、「臨済の開悟」について語りました。臨済禅師がどのように道を求めて、どのように真の自己に目覚めたのかについて講義をしました。

そして第三回は「真の自己とは」と題して、「無位の真人」という臨済禅師の教えの中核を講義しました。

第四回は「正しい見解を持つ」と題して、臨済禅師が繰り返し説かれた「真正《しんしょう》の見解《けんげ》」即ち正しいものの見方について話をしました。

そして第五回目は「いきいきと生きる」と題して、「臨済録の実践」について語りました。この講座は一般の社会で活躍されている方を対象にしていますので、住友の伊庭貞剛や女性解放運動の平塚らいてう、山岡鉄舟などについて話をしました。単に『臨済録』本文を読むだけでなく、どのように実践に役立てるかについて講義をしてみました。

講義の底本としては岩波文庫の入矢義高先生訳注の『臨済録』を用いました。私は円覚寺の朝比奈宗源老師訳注の岩波文庫旧版『臨済録』をいつも参照しているのですが、ただいまこの本は入手困難となっていますので、入矢先生のものを底本にしました。

また本書には、たびたび駒澤大学教授小川隆先生のお名前が出てきます。小川先生には、多年『臨済録』についてご教示いただいてきました。長年禅の修行道場に身を置いてきた私にとって、最先端の禅学に触れることができたことの洪恩は計り知れません。本書の到るところに小川先生より教わったことが反映されています。先生にはここに厚く御礼申し上げます。

かくして苦心の末、五回の講座を終えたのでした。有り難いことに、致知出版社におかれては、この講座をＣＤにしていただき、更に今回一冊の書籍にまとめていただくことになりました。

漢文の引用も多い中を編集の方々には多大なご苦労をかけたと察します。致知出版社藤尾秀昭社長、柳澤まり子副社長、そして編集の労を執っていただいた小森俊司様には心から感謝申し上げます。

臨済録に学ぶ＊目次

第一講　心を伝える――『臨済録』に到るまで

第二講　自己に目覚める──臨済の開悟

第三講 真の自己とは――無位の真人

第四講　正しい見解を持つ——真正の見解

第五講　いきいきと生きる――『臨済録』の実践

本文中にある『臨済録』の引用は、
『臨済録』入矢義高・訳注（岩波文庫）を底本としました。

第一講

心を伝える――『臨済録』に到るまで

●禅とは現代の文明や機械を否定するものではない

皆さん、こんにちは。どうぞよろしくお願いいいたします。

今年（二〇二〇年）は鈴木大拙先生の生誕百五十年ということで、大拙先生の書物をいろいろ読み返しています。その一つに『鈴木大拙の言葉と思想』（秋月龍珉・著／講談社現代新書）という本があります。昭和四十二年に第一刷発行ですからもうずいぶん古い本ですが、私などは高校時分によく読んだ書物です。

この本の中に興味深い話が載っていました。とあるスイスの国際法の権威である老教授が東洋の思想について学びたいので大拙先生にお目にかかりたいと、日本に見えたことがあるそうです。そのとき、このスイスの教授が大拙先生にこんな質問をしたというのです。

スイスからアフリカに行くのに二つの行き方があります。一つは飛行機が飛んでいく行き方。もう一つは渡り鳥が飛んでいく行き方。渡り鳥と飛行機ですから、対極にある行き方です。渡り鳥は飛行機のような機械も燃料も備えておりませんが、それでも毎年同じ時期に同じところを飛んでいきます。

この飛行機は何を表しているかというと、ギリシャ以来の哲学の道、そこから発展する近代科学です。まさしく飛行機は現代科学の粋を集めたものです。一方、渡り鳥は何を表しているのか。これはエックハルトのような宗教哲学者に見られるキリスト教神秘主義の道です。

この教授が言いたかったのは、真理に到達するためには二つの行き方があって、一つは飛行機のようなギリシャ哲学を代表する思索的思弁的な道、もう一つは渡り鳥のような神秘主義的な道であるということです。

では禅はどちらか。飛行機のような道ではないことは想像に難くありませんが、果たして渡り鳥のような行き方を教えるものなのか。禅の思想とは無一物ですから、何も持たずに真理を直観する、あたかも何も持たずに毎年同じ時間に同じように飛んで行く渡り鳥のような行き方ではなかろうかと老教授は考えました。そして、その答えを聞くために大拙先生のところにやって来たのです。

その考え方にまず異を唱えたのがこの『鈴木大拙の言葉と思想』という本を著された秋月龍珉《りょうみん》先生です。秋月先生は大拙先生の愛弟子であり、伝統の禅の修行もなされました。

秋月先生は、禅を単なる渡り鳥のようなものであると思われては困ると言われました。本の中ではこういうふうに書かれています。

「ますます完全なる飛行機を、ルーム・クーラーを、作り出す科学的行《ぎょう》のまっただなかにこそ禅がなければならない」

飛行機で飛ぶような行き方は本物ではないというのは禅の道ではない、と。飛行機を使わざるを得ないのであれば、ますます安全な飛行機を作り出すための安全な技術をいかに生み出していくかを考える。その営みのまっただなかにこそ禅がなくてはならないと言っているのです。つまり、現代の文明や便利な機械を否定して、自分たちだけが山の中で静かに暮らしていればいいというような教えが禅であるとすれば、それは単なる過去の文化財でしかなく、現代精神の大きな潮流とはなり得ないというわけです。

「東洋西洋を問わず、これからの世界の指導精神となるような、この現代に生きてはたらく禅なのですから」

秋月先生はそう書いておられます。

これは私も全く同感です。確かに渡り鳥から学ぶものもたくさんあります。禅の修行道場では、今でも薪でご飯を炊きながら畑で野菜を作って暮らしています。渡り鳥のような智慧を学んで、それに近い暮らしをすることにも大きな意味があります。しかし、それだけが禅であると思い込んでしまうと、秋月先生の言われるように禅は単なる過去の文化財でしかなくなってしまいます。

しかし大拙先生は、自分の考えはまた少し違うと言われました。当然、大拙先生も禅というものが渡り鳥のような現代の文明や機械を否定するものではないと大いに認めておられるのですが、私は少し違う、と。さて、そのあと大拙先生は何と言われたのか。この答えをここで明かしてしまうと面白くないので、今日の最後に出そうと思います。

そういうわけでその話はひとまずおきますが、こういう現代文明の中で生きるのであれば、機械も大いに活用し、むしろ積極的に取り入れて、いきいきと働いていく。そういうところにこそ臨済の精神は生きていると思います。（この講座がリモートの講義となったため）最近のコロナ禍《か》で、ある意味、皆さん方それぞれが逆境の中にいると言えるかもしれません。そういう中にあってもいきいきと生きていくというのが、臨済の精神だと思うのです。

今回は『臨済録』について五回にわたってお話をさせていただきます。『臨済録』は体系立てて説かれた書物ではありません。何か伝えたい理念があって、それを思想的にきちんと筋道立てて書いたものではないのです。『臨済録』は臨済義玄禅師がその時々に行ったお説法を集めたもので、それゆえに内容に関しては重複するところも多々あります。

また、『臨済録』はいろんな学び方があると思います。哲学的に学べば哲学的にも深いものが得られますし、禅思想として学べばこれも深いものがあるでしょう。しかし今回は、この現代社会に生きておられる皆さん方にお話をする『臨済録』ですから、人間としてどう生きればいいのかという学びを『臨済録』から得たいと思います。

第一回のテーマは「心を伝える」ということで、まずは禅とはどういうものなのかについてお話をしていきたいと思います。内容に入る前段階として、『臨済録』に到るまでに禅の教えがどういう変遷をたどってきたかということをお話しいたします。そして第二回では臨済がどのようにして自己に目覚めたのか、臨済自身の体験を学び、第三回では臨済が目覚めた「真の自己」とはどういうものであったかについてお話しいたします。

さらに第四回では、臨済禅師が終始説かれていた「正しい見解を持つ」ということについてお話しいたします。正しくものを見ることは、どんな時代でも大切です。我々禅宗のお坊さんは扇子やお数珠などいろいろなものを持ちますが、本当に持つべきものは正しい見識であると言われています。その正しい見解の内容について第四回でお話しいたします。そして第五回では、現実に世界の中で正しい見識をどう働かせていくかというお話をいたします。以上のような構成で学んでいこうと思っています。

最初に結論から申し上げておきます。『臨済録』から私たちが学ぶべきことは何か。第一には真の自己というもののすばらしさに目覚めるということ。これが繰り返し説かれています。第二に「随処に主と作《な》る」。どんなところでも主体性を持つということです。そして第三に「活潑潑地《かっぱつぱつじ》」。

この「活潑潑地」について、その意味は『広辞苑』には「極めて勢いのよいさま。気力がみちみちて活動してやまぬさま」と説明されています（ちなみに『広辞苑』では読みが「かっぱつはっち」で掲載されていますが、私どもでは「かっぱつぱつじ」と読みます）。この解釈はその通りだと思います。本当の自己に目覚めたならば気力が満ち満ちて、どこまでも活動して止まない。この動性という活動の中に真理を見出していくのです。

以上のことを皆さんと一緒に学んでまいりたいと思います。

●自分の中にある「すばらしい宝」と出会う

最初に、一編の詩を紹介しておきたいと思います。ここには『臨済録』で説かれる本当の自己のすばらしさ、真の自己とは何かということが平易な言葉で余すことなく語られています。

この詩を書かれたのは、残念ながら平成二十年にお亡くなりになりました相国寺僧堂師家の田中芳州《ほうしゅう》老師です。田中老師が高校生に対して講演された要点を詩の形にまとめたものです。

この身に地位・名誉・財産・学歴・男女などに
汚れない「主人公」がいる。

あなたにも、誰の中にも、その人の「主人公」がまぎれもなく住んでいる。

彼が私が善いことをした時には、
　わたしの心の底から喜びを与えてくれる。
彼が私が悪い事をした時には、
　わたしの心に動揺と反省を与えてくれる。
誰も観ていないと思っていても、
　いつもどこでもわたしの心と行動を観ている。
周りの人々の言葉に惑わされず、
　心静かで確かな目を持って見つめている。
彼は選り好みをせず全てを平等に扱い、
　自分を忘れて人々の幸福を心より願う。
他人の喜びを妬まず我喜びとして喜び、

他人の苦しみ悲しみを我苦として思い、
常に穏やかな表情にて相手を思いやり、
その言葉は心から愛情を込めて対話す。

彼は自分を偽らず、悲しい時には素直に涙し、
嬉しい時には心の底から喜び、
怒るべき時には晴天の雷のごとく、
雷鳴の後は雲一つなく和らいだ光を放つ。

そういう「主人公」に出会えた時、
人は歓喜し「悟りを得た」というのです。

私たちの本当の宝は、何者にも奪われないものです。
だから私の宝は、あなたの宝にはなり得ない。
また、あなたの真の宝は、私の宝とはならないのです。

そういう宝を見つけて下さい。耳を澄まし、目を凝らし、
心を澄ませば必ず出会えます。
なぜならその宝「主人公」はあなたの中にいるからです。

（『拈華録《ねんげろく》』）

この中で「主人公」と言っているのは、本当の自分、真の自己です。すばらしい自分が誰の中にもいるというのです。「彼が私が善いことをした時には」「彼が私が悪い事をした時には」とあります。この「彼が」とは「主人公」である本当の自分を指しています。「彼は」としたほうが読みやすいように思いますが、原文では「彼が」になっています。

その本当の自分は、現実の私自身が「善いことをした時」には「心の底から喜びを与えてくれる」し、逆に「悪い事をした時」には「心に動揺と反省を与えてくれる」と。さらに、「いつもどこでもわたしの心と行動を観ている」し、周りの人たちが何を言おうとも「惑わされず、心静かで確かな目を持って見つめている」。それが本当の自己だというのです。

それから「選り好みをせず全てを平等に」扱うとあります。これは難しいことです。私どもは普段、ものをありのままに見て、ありのままに考えていると思っています。しかし、見ている、考えているということ自体、自分の都合のいいように見て考えているのではないか、というのが仏教の見方です。たとえば耳で音を聞くにしても、どんな雑踏の中にいても、自分にとって大事な会話だけはちゃんと聞きとれるというのは、無意識のうちに自分の都合のいいような選択をしているということです。平等にものを見て、平等に聞いて、平等に考えるということはなかなかできません。

しかし、本当の自分は「自分を忘れて人々の幸福を心より願う」ことができるし、「他人の喜びを妬まず我喜びとして喜び、他人の苦しみ悲しみを我苦として」思うことができる。そんなすばらしいのが本当の自分なのです。

その自分は「常に穏やかな表情にて相手を思いやり」「心から愛情を込めて対話」できる。そして「自分を偽らず、悲しい時には素直に涙し、嬉しい時には心の底から喜び、怒るべき時には晴天の雷のごとく、雷鳴の後は雲一つなく和らいだ光を放つ」。そういう「主人公」に出会えたとき、人は歓喜します。禅で「悟りを得た」というのは、そんなすばらしい自分に巡り会えたことを言っているのです。

そういう「本当の宝は、何者にも奪われない」から、「私の宝は、あなたの宝にはなり得ない」し、「あなたの真の宝は、私の宝とはならない」。貸し借りはできないのです。「そういう宝を見つけて下さい」と。その宝には「耳を澄まし、目を凝らし、心を澄ませば必ず出会えます」。なぜかと言えば、その宝つまり「主人公」は「あなたの中にいるから」なのです。

これは非常にわかりやすい言葉で禅の精神、『臨済録』の精神を余すことなく表現した詩だと思います。

禅というのは、「あなたにすばらしい宝がありますよ」というように言葉で説明するものではなくて、その宝を心から心に伝えていくものです。その宝に出会うためには、銘々《めいめい》が自分で気がつくしかないのです。そのように、心から心へと伝えてきた伝承というものが私たちの禅の教えであると言えます。

●経典を伝えるのではなくて、心を以って心に伝えていく

お釈迦様がインドにお生まれになり、悟りを開いてその教えを説いて仏教が始まりました。そのお釈迦様の教えが代々弟子たちに伝わり、インドから中国に広がりました。これを北伝仏教と言います。それ以前に南伝仏教といって南方のスリランカの方

に伝わった教えも今日まで残っています。

お釈迦様の伝えた教えがインドから中国に伝わり、漢字に訳されました。今我々が漢字で読む『般若経』『法華経』『維摩経《ゆいま》』あるいは『華厳経』といったいろいろなお経が作られていって、お釈迦様の代々の弟子たちの一人である達磨大師という方がインドから中国に渡ってみえました。

達磨様は経典を伝えるのではなくて、「以心伝心」と言われました。心を以って心に伝える。『広辞苑』の説明では、「禅家で、言語では表されない真理を師から弟子の心に伝えること」と解説されています。経典を伝えるのではなくて、心を以って心に伝えていくのだというのが仏教における禅の立場なのです。

この禅宗の立場を端的に表した言葉があります。「教外別伝《きょうげべつでん》、不立文字《ふりゅうもんじ》、直指人心《じきしにんしん》、見性成仏《けんしょうじょうぶつ》」という四つの言葉です。「不立文字」を先に持ってくる場合も多いと思いますが、「不立文字」とは「文字を立てない」ということです。様々な「経典」と呼ばれる文字に表された書物で教えを伝えることには限界があると言っているのです。だから、本当の教えはそれ以外の方法で別に伝えるのだというのが「教外別伝」です。

では、それはどういう伝え方かと言えば、それが「直指人心」です。文字や言葉や書物によらずに直接あなたの心を指さす。そして「見性成仏」は、あなたがあなたの心の本質を見たならば（見性）、それが仏になる（成仏）という意味です。つまり、仏というのは心の本質を見ることだと言っているのです。

しかし、これはなかなか難しいことです。普段、私たちが心だと思っているものは心のごく表面の感情です。もっとあからさまな言葉で言えば欲望、あるいは感情を刺激するものに対する反応と言っていいでしょう。「気持ちいいなあ」とか「嫌だなあ」とか「不愉快だなあ」といったことです。これは心の極めて浅い表層の部分でしかありません。

この心をもう少し深いところまで掘り下げると、悲しいことに、すべてを自分中心に見ようとする自我意識があります。その自我意識の影響を受けて、私たちは見たり聞いたり考えたりしています。それゆえ、自分の都合のいいように見て、自分の都合のいいように聞いて、自分の都合のいいようにしか考えていないのです。でも、実は自我意識という自分中心の心の奥深くには、すべてをありのままに見ることのできる智慧が隠されています。そしてさらに奥深くには、先ほどの田中芳州老師の言葉にあったように、常に穏やかに、常に笑顔で、常に相手のことを思いやることのできるすばらしい心が隠されています。そこまで心を掘り下げていかなければならないというのが禅宗の教えなのです。

では、それはいったいどのような方法によって教えていくのか。それを知るには、禅の始まりである達磨様の教えを学ぶことが近道です。そこで『臨済録』を学ぶ前に、その土台となる達磨様の教えを学んでおきたいと思います。

●まず経典で学び、次に実践で確認していくことを説いた達磨

達磨様は禅宗の初祖と言われています。仏教の祖師方には真言宗の弘法大師とか日蓮宗の日蓮聖人とか様々おられますが、達磨様ほど日本国中で愛されている祖師はいないのではないかと思います。皆さんもご存知のように、達磨大師の坐禅の姿を模した張子の玩具は日本国中で親しまれています。選挙になると日本全国で活躍します。

普通であれば、張子の人形にして当選の暁には片方に目を入れて万歳をするなどというのは、「我々の大事な祖師の冒瀆《ぼうとく》である」と文句の一つも言いたいところかもしれませんが、禅宗は非常に心が広いところがありまして、果てはダルマ落としという玩具にされたり、だるまストーブにもなりますけれども、何も文句を言いません。

達磨様を『広辞苑』で引くと、「禅宗の始祖。南インドのバラモンに生まれ、般若多羅に学ぶ。中国に渡って梁の武帝との問答を経て、嵩山《すうざん》の少林寺に入り、九年間面

壁坐禅したという。その教えは弟子の慧可《えか》に伝えられた」というようなことが書かれています。「バラモンに生まれ」とありますが、我々禅宗ではお釈迦様と同じように王子様であったと伝えられています。五世紀後半から六世紀前半の人で、お釈迦様から代々数えて二十八代目の祖師であると言われています。生まれた年はよくわかりません。永安元（五二八）年に百五十歳で亡くなったとされます。これも諸説あってはっきりしないのですが、現実に百五十歳まで生きたということはないだろうと思います。

達磨様は普通元（五二〇）年、つまり六世紀前半にインドから海を渡って中国にやって来たと伝わっています。陸路でインドから中国に入るには高い山脈を越えていかなければなりませんから、海を渡って三年かけて来られたわけです。

達磨様の教えは「二入四行《ににゅうしぎょう》」という難しい言葉で説かれています。「二入」とは「理入《りにゅう》」と「行入《ぎょうにゅう》」の二つです。「理入」とは理論をよく理解をすること。禅宗というと体験を重視する教えという印象が強いと思いますが、最初はやはり理論をよく理解することを重視しています。その上で実践するという順番です。闇雲に実践すればいいというわけではないというのが達磨様の教えです。

これについて鈴木大拙先生の『禅の思想』という書物に説かれている言葉を使いな

がら学びたいと思います。大拙先生は今年（二〇二〇年）が生誕百五十年に当たります。八十歳を越えて何度もアメリカに行って講義をし、九十歳を越えてインドに行き、昭和四十一（一九六六）年に九十五歳で亡くなるギリギリまで現役で仕事をし続けられました。本当に仰ぎ見るべき存在であります。

大拙先生は晩年、たくさんの書物の中で「これという書物はなんですか」と聞かれると、第一に『禅の思想』を挙げられました。それから『浄土系思想論』だと。この『禅の思想』は大拙先生の書物の中でも非常に難解な本なのですが、そこに達磨様の思想について書かれています。

大拙先生はこう書いています。「理入と云うのは、経典の教によりて、その玄理を体得することである」と。最初は言葉で学んでいくということです。禅は「不立文字」で言葉を否定すると言いましたけれども、言葉を全く顧みないということでは決してないのです。ここを誤解してしまうと、『臨済録』も読み間違いをしてしまいます。確かに『臨済録』には経典を読んでも仕方がないというようなことが書かれていて、お釈迦様が説かれた経典などはお尻を拭う紙と一緒だとまで言っています。しかし、本当にどうでもいいのかと言うと、そうではない。それは経典を読んで学んだ上での否定なのです。これは文字も一緒です。最初はそれを学んで体得する必要があります。

では、「玄理を体得する」と何がわかるのか。大拙先生は「すべてのものには同一の真性が具《そな》わって居るが、それが妄想《もうぞう》（迷）と云う外来の汚塵に覆われてしまって、顕われ出ることが出来ないと云うことが、深く信ぜられる」と書いています。「同一の真性」とは、「本当の自分」のこと。「すばらしい自己」と言ってもいいでしょう。我々が目覚めるべき理想とすべき「すばらしい自己」があらゆるものに具わっているのだけれども、外からの情報や誤ったものの見方によって深く埋められてしまって表に出ることができなくなっているというのです。

この「同一の真性」を覆い隠してしまうものが「妄想（迷）」です。それによって、「すばらしい自己」が自分の中にあることに気がつかず、「自分はこの程度のものだ。禅の教えなど自分にはとうてい無理だ。臨済の教えなんてわかりっこない」と思ってしまうのです。

しかし、言葉や経典で学ぶと、そういう思いが妄想であることがわかります。そこで「妄想を捨てて、真性に帰って、壁観に凝住すると、自分と云うものも他人と云うものもなく、凡人も聖者も、一等であると云うことがわかる」のです。学ぶことによって、誤ったものの見方を捨てていく。そして、自分たちは正しくものを見ていないのではないか、自分の都合のいいようにしか見ていないのではないかと気づくと、迷っている者にも悟った人にも同じようにすばらしい心があることがわかる。そのことをまず経典、言葉によって理解をしようというのです。

そして、「理入」によってそれがわかったら、今度は「行入」つまり実践の上で確認をしていく。達磨様が説かれた行には、四つあります。それが「報怨行《ほうおんぎょう》、随縁行《ずいえんぎょう》、無所求行《むしょぐぎょう》、称法行《しょうぼうぎょう》」の四行です。

●達磨の説いた四つの行——報怨行・随縁行・無所求行・称法行

まず「報怨行」とはどういうものか。それは「道を修行して居る人の身の上に、何か苦厄《くやく》が出来た」ときにどうするかというものです。一所懸命修行をしようと思っていても何か困難なことにぶち当たります。そのときにどう考えるか。

大拙先生はこう言われています。「その人はこう考えなくてはならぬ。自分は過去無量劫《むりょうごう》に渉りて、本を棄てて末に走って居た。而して色々の世界を流浪して来て、他をして自分に対して怨憎《おんぞう》の心を抱かしめた、その心を違害したことが限りなくあった。この一生では別に罪業を犯すようなことをしないにしても、自分の過去の罪業に対しての果報は、今や成熟し来《きた》って、この身に加わりつつある」と。

仏教では、命とは連綿として受け継いできているものという見方をします。自分の命は自分一代限りではない。親から、そのまた親から、さらに上のご先祖から営々と伝えられてきた命を今、生きているのです。そうすると、自分一代では悪いことをしていないかもしれないけど、代々遡ると他人が自分を怨み憎むような心を抱くことも限りなくあったであろうというのです。

なかなかこういうものの見方はできません。特に今の二十代、三十代の人と話をしていると、自分は一代限りだと思う人がとても多いようです。しかし、過去の歴史があって今の状況があるように、我々もご先祖があって今の私があるのです。ですから、自分の一生ではそんなに悪いことをしていないにしても、過去にご先祖が犯したいろいろな罪業に対する報いは今の自分のこの身に降りかかっているというわけです。

そして「これは天からのわざでもない、また人間が加えるのでもない。誰も知らぬのである」と。どういう仕組みでそんなことになるのかは誰にもわからないので、「自分は何等不平の心を持たないで忍受しなければならぬ」。自分の身に降りかかっていることに対して、何も不平の心を持たずに受け入れなければならないのだ、と。

私たちは自分に都合の悪いことがあると、怨むべき対象や攻撃する対象をつくって、

「これは誰々のせいだ」「何々があったからだ」と自分の外にあるものに責任を押しつけようとします。この解決の仕方は確かに楽でしょうが、すべてを受け入れて誰も恨まず、苦しみに遭っても心を変えないという道理をわきまえることによって、自然と様々な困苦を克服して仏道に進むことができるのです。

「それは怨を経験することによりて道に進み得るからで、それでこれを報怨行と云う」と大拙先生は言います。逆境に対してどのような心構えで立ち向かうか。誰かのせいにしたり恨んだりすることもなくすべて受け入れていけば、「自然の理と相応するようになる」。そういう考え方を自分のものにする。これが報怨行です。

四行の二つ目は縁に随う「随縁行《ずいえんぎょう》」です。「衆生の本質は元来無我である」と大拙先生は書いています。これは、いろいろな可能性を持っていると理解していいと思います。固まったものではなくて、様々な条件、縁に応じて変化をしていく。いろいろなご縁にあって変わっていくということです。

苦しみを受けたり、楽を受けたり、その場その場で様々な目に遭うけれども、それらは「自分の過去の宿因で今それを感得するのである」と。つまり、自分の過去に為した行いが原因になっている。そして「縁尽きてしまえば、何もなくなるのである」、つまり、それを受けてしまえばあとは何もないのだ、と。ですから、自分の思うようにいったからといって特段有頂天になったり調子に乗ることもないし、思うようにいかないからといって後悔したり落ち込むこともない。得たからといって喜び、失ったからといって嘆き悲しむこともないのです。「得失は何れも心から出るのだから、心に増減（即ち喜憂）を抱くことなく、泰然として動かずに居ればよいのである」というのです。それは風に吹かれて動いているだけのことなのだから、動くままに順《したが》っていればいい。これを随縁行と言います。

四行の三つ目は「無所求行《むしょぐぎょう》」というものです。これは「求める所を無くす」と書きます。よい意味で「求める」ことは大事ですが、ここで説かれている「求める」とは「貪著《とんじゃく》」といって「何か一つのことに執着し、しがみついて離さない」という意味で、決してよいものではありません。「求める所を無くす」とは、そういうことをしないということです。

「智者は真を悟って居る」。智慧のある者は真実を悟っているので、心配したり、あせったりしない。そして「形のあるに任せて行為する」。そのときそのときに任せて行動をすると大拙先生は解説しています。

ここで大拙先生は「功徳天《くどくてん》」と「黒暗天《こくあんてん》」の話を出しています。功徳天と黒暗天は二人姉妹で、仏教の古い説話に出てくる幸せの神様と貧乏神です。あるとき、ある人の家に幸せの神様がやって来たので、家の人は喜んで招き入れようとしました。すると、幸せの神様は「私には妹がおります。一緒にいいですか」と言われました。家の人は「どうぞ、どうぞ」と招き入れようとしましたが、よく見たら妹というのは貧乏神でした。家の人は「貧乏神は帰ってください」と言いました。すると幸せの神様は「私たちは二人いつも一緒です。ご縁がありませんでしたね」と言って帰ってしまいました。これは、幸せと不幸は、どちらが表になるか、どちらが裏になるかというものだということを教える説話です。

大拙先生はこの話に触れたあとで「三界に永居することは火宅に居るようなもの」と言っています。「この迷いの世界にいることは燃えている家にいるようなものだ」というのです。何かに執着をすることは苦しみを生むことになるということです。それがわかってくると、求めること、執着することが無くなって楽になるのです。「求むるところがあるとみな苦で、それがないと楽だ」と大拙先生は経典の言葉を引用しています。この「求むるところ」とは、よい意味の「求める」ではなくて執着です。執着をすると苦しみを生み出し、執着がなければ安らかな心になる。だから執着を離れなさいということを説いているのが、随縁行です。

四行の最後は「称法行《しょうぼうぎょう》」です。「称」とは「称える」という言葉ですけれども、「適《かな》う」という意味に近いと思います。「法」は「真理」ですから、「真理に適う行い」をするのが「称法行」ということになります。

「性は本来清浄」と大拙先生は言います。「性《しょう》」とは私たちの心の本質、本当の自分です。本来の自己というものは清らかである、ということです。それは「染著《ぜんじゃく》を離れ」なんら垢に染みるということはない。つまり、特定の執着をする姿を持つものではない。「もし能くこの理を信解するならば、法の理に称うた行為をすることが出来よう」この理をよく理解したならば、真理に適った暮らしをすることができるであろうというのです。これが称法行というものです。

●六波羅蜜という六つの実践——布施・持戒・忍辱・精進・禅定・智慧

この四行とともに、達磨大師が「大事な実践」として推奨されている六つの行いがあります。私どもはこの六つについてお彼岸のときによくお話をいたします。これを

「六波羅蜜《ろくはらみつ》」と言います。

京都に六波羅蜜寺というお寺がございます。六波羅探題というような言葉としても親しまれております。「波羅蜜」とはサンスクリット語の「パーラミター」を漢語に置き換えたもので「彼岸に至る」という意味です。あるいは今は「完成」と訳す場合も多いようです。「六波羅蜜」とは「六つの完成」ということを言っているわけですが、それには「布施」「持戒」「忍辱《にんにく》」「精進」「禅定《ぜんじょう》」「智慧」の六つがあります。

六波羅蜜の第一は、人に何かを差し上げる「布施」です。お布施というと、お寺さんにお包みするものと考えられる方が多いと思います。そういうお布施も大事ですけれども、元来は「あまねく施す」という意味で、お寺に限ったものではありません。「施し」というのは大乗仏教の教えですが、六つの実践行の最初に、そして第一に大事なものとして達磨大師が説いておられるのは非常に注目すべきことだと思います。

お釈迦様とは一代限りではなくて、何度も何度も生まれ変わりを繰り返して修行しました。そのお経を見ると、お釈迦様は過去世において、たとえば「あるときは兎《うさぎ》だった」と書かれています。では兎のときにどんな修行をしたのか。兎がお経を読むことはないでしょうし、あの足ではちょっと坐禅も無理でしょう。ですから、お経を読んだわけでも坐禅をしたわけでもない。兎が仏になるためにやったことはただ一つ、食べ物がない旅人のために我が身を火の中に投じて焼いて、旅人に施したのです。そういう功徳をお釈迦様は兎であった前世で積んだというのです。

そのため、悟りに至る道、つまり本来の心を目覚めさせる道の第一番は、何かを人に施すことであると。それは物だけではなくて、言葉を施すこと、笑顔を施すこと、座席を施すことなど、いろいろあります。とにかく何かを施すということが大事なのだということです。

二番目の「持戒」とは「戒めを保つ」ことで、わかりやすい言葉で言えば、「良い習慣を持つ」ということです。仏教には「生き物をむやみに殺さない」「嘘偽りを言わない」「男女の道を乱さない」「人が嫌がることはしない」「腹を立てない」「お酒を飲まない」といった様々な戒めがあります。

お酒というのは今であれば様々な薬物などにも当たるでしょう。そのような自分の感覚を刺激して強い快楽をもたらすものに執着してしまうと、自分自身を見失うどころか人生を台無しにしてしまいます。そういうことのないように、良い習慣をつけていきましょうというのが「持戒」です。

三番目の「忍辱」とは、「耐え忍ぶ」こと。現実に自分の身に降りかかることは今のご縁だと思って受け入れるということです。

四番目の「精進」は、「励む努力をする」ことです。

五番目の「禅定」は、「心を静める」ということ。坐禅をすることです。坐禅をして心を静めてこそ、ようやく正しくものを観ることができる。そして、「正しく観る」というのが六番目の「智慧」になります。

こういう訓練をすることが大事なのだと達磨大師は説かれています。これが「六波羅蜜」というものです。


ここまでの話をざっとまとめてみましょう。まず「理入」、経典の教えを学んで玄理を体得する。それにより、誰もが皆すばらしい自己を持っているけれども、それが妄想によって汚れて覆われてしまっていることがわかってきます。

そこで、真の自己に気がつくために、四つの行をします。第一は報怨行で、人を恨んだり、誰かのせいにしない。第二は随縁行で、この世の中には様々なことがあるけれども、ご縁に随っていく。第三は無所求行で、求めない。求めないとは執着をしないということです。そして第四は称法行で、真理に適う暮らしをする。こういう四つの行をしていきましょうというわけです。

そして、そのために具体的には六波羅蜜を実践することが大事ですよと、達磨様や大乗仏教の教えは説いているのです。

●釈迦や達磨の教えの上に花開いた臨済の教え

ところが、これから学ぶ『臨済録』は、それらを真っ向から否定しているのです。こう書かれています。

你《なんじ》言う、六度《ろくど》万行《まんぎょう》斉《ひと》しく修すと。我れ見るに皆な是れ造業《ぞうごう》。仏を求め法を求むるは、即ち是れ造地獄の業。菩薩を求むるも亦た是れ造業、看経《かんきん》看教も亦た是れ造業。仏と祖師とは是れ無事の人なり。

祖師云く、你若し心を住して静を看《み》、心を挙《こ》して外に照らし、心を摂《せっ》して内に澄ましめ、心を凝らして定《じょう》に入らば、是《かく》の如きの流《たぐい》は皆な是れ造作なりと。

「六度万行」とは六波羅蜜のことです。達磨様も実践しなさいと言い、大乗仏教では一番大事な教えです。それを一所懸命やっているけれども、それは「我れ見るに皆な是れ造業」。私の見るところ、それは皆、「造業」であると。「造業」とは「いらないこと、よけいなこと」です。したがって、「六波羅蜜なんていらないことだ」と臨済禅師は否定しているのです。

あるいは「仏を求め法を求むる」仏教の修行をするのであれば仏を求め法を求めなくてはいけないと言うけれども、そんなものは「造地獄の業」地獄行きの業だというのです。また「菩薩」とは六波羅蜜を行じている人を言いますが、そんな道を求めようとするのも造業だし、「看経看教」お経を読むことも皆造業である。仏や祖師というものは「是れ無事の人なり」。そんなことは何もしない人なのだ、と。

それだけではなくて、臨済禅師は禅定つまり坐禅をして自分の心を静かに集中させることも「皆な是れ造作なり」。皆いらないことだ、余計なことだと言っています。

このように臨済禅師は、お釈迦様はもちろん、達磨様以来の仏教の大事な修行として説かれていることをことごとく否定します。しかし、これは非常に誤って理解されることがあって、気をつけなければならないところです。言葉だけを見て額面通りに受け止めると、「修行なんて何もしなくていいんだ。施しも坐禅も経典を読むことも必要ないというのだからやめてしまおう」と思うかもしれません。実際に、仏教学者の中にも、臨済は坐禅を否定しているし、六波羅蜜も行も否定しているのだから、そんなことはしなくていいのだと考える方もおられます。しかし、私はそうではないと思うのです。

私は長い間、これをどのように理解したらいいのか、どう説明したらいいのかと、いろいろと考えてきました。そして、臨済の言葉は積み重ねの上に咲いたものだと見たいと思うようになりました。

坂村真民先生の「つみかさね」という詩があります。

一球一球のつみかさね
一打一打のつみかさね
一歩一歩のつみかさね
一坐一坐のつみかさね
一作一作のつみかさね
一念一念のつみかさね

つみさかねの上に
咲く花
つみかさねの果てに
熟する実

それは美しく尊く
真の光を放つ

経典を学ぶ、心を集中させる、六波羅蜜の行をやる。そういうものを積み重ねた上に咲いた花が臨済の教えなのだと私は見たいのです。積み重ねの上に咲いた花だけを切り取って、土台となる積み重ねを全部取り去ったならば、花は枯れてしまいます。ですから、やはり積み重ねた部分を学ぶことも大事なのです。

そういうわけで、臨済の言葉を額面通り受け止めると誤解をしてしまいます。世の中にはそういうものも見受けられますけれども、決してそうではない。達磨様が説かれたこと、お釈迦様が説かれたこと、経典に書かれたことは、どれも皆、教えの土台になっているのです。無駄なものは一つもありません。その上に臨済の教えが花開いたのです。

●臨済の教えの基盤となる馬祖の教え

さて、積み重ねの上に臨済の教えが花開いたと言いましたが、ここで臨済が出るまでの人たちについて見ておきたいと思います。漢字ばかり並んでいて見ていると嫌になるかもしれませんが、次に挙げるのはすべて人名です。

菩提達磨
慧可大祖
僧璨鑑智
道信大醫
弘忍大満
慧能大鑑（六祖）
南嶽懐譲
馬祖道一

百丈懐海
黄檗希運
臨済義玄

最初の菩提達磨とは達磨様のことです。二番目の祖師が慧可《えか》、三番目が僧璨《そうさん》、四番目が道信《どうしん》、五番目が弘忍です。この弘忍は、臨済宗と曹洞宗で読み方が違います。曹洞宗のお坊さんは「こうにん」と読みます。同じ禅宗でも臨済宗では「ぐにん」と読みます。このルビがどちらになっているかで、臨済宗を学んだ人なのか曹洞宗を学んだ人なのかがわかります。我々は「ぐにん」と読みます。

六番目に慧能《えのう》という人が出ました。この方は偉い人で六祖と呼ばれています。そして七番目に南嶽《なんがく》、八番目に馬祖《ばそ》という方が出ます。馬祖の名前は専門に禅を学んだ方でもなければ知らないと思いますが、馬祖の教えというのは非常に大事なものです。臨済の教えのもととなるのは馬祖にあると言ってもいいくらいですし、禅の教えは馬祖に至ってほぼ完成したと見てもいいぐらいです。

たとえば「平常心」という言葉があります。馬祖が説いた平常心は、一般によく使われる平常心とはちょっと意味が違います。この平常心を我々は「びょうじょうしん」と読みますが、この言葉を最初に使ったのが馬祖という方です。その本来の意味も今日は学びたいのですが、これについては後ほどお話しいたします。

それから臨済の教えで一番知られているのは「喝」でしょう。本来「喝」というのは、ダメ出しする意味で使うものではないのです。

実は、この「喝」というのは臨済が初めて言ったわけではなくて、馬祖がすでに用いていています。臨済の教えの基盤となるものはほとんど馬祖の教えにあると見たいのです。

この馬祖という方を少し学んでおきますと臨済の教えがするすると入っていきます。そこで今日は、この馬祖についてちょっと学んでいきたいと思います。

●「あなた自身の心が仏である」と言った馬祖禅師

馬祖、百丈《ひゃくじょう》、黄檗《おうばく》、臨済という四人の教えは、一つの系譜として大きな思想の流れになっていきます。馬祖の教えが百丈に伝えられ、それが黄檗に伝えられ、臨済へと伝わりました。先ほど言ったように、馬祖は「平常心《びょうじょうしん》」を説きました。臨済の思想の中核の一つに「無事」がありますが、この「無事」は馬祖の「平常心」とつながっています。「無事」というと、一般には「今日も無事でよかったね」というように、「何事もなくてよかった」という意味で使います。しかし、臨済の説いている「無事」はだいぶ違います。それを理解するには、馬祖の「平常心」という教えを理解する必要があるのです。

馬祖の教えの特徴は、「平常心が道である」ということ、そして「即心是仏」という二つに集約されると思います。馬祖の「平常心」とは「普段の心、当たり前の心、ありのままの心」を意味しています。それがすべて仏道であるというのです。また、「即心是仏」は「心がそのまま仏である」ということです。それも他人の心ではなくて、「あなた自身の心が仏である」と説いたのです。

こういう言葉を聞いても、「ああ驚いた」と言う人はいないかもしれません。でも、おそらく当時の仏教のお坊さんたちは皆、馬祖の「あなたの心が仏である」という言葉を聞いて衝撃を受けたと思います。なぜならば、仏とはそう簡単に達成されるものではないと思われていたからです。それこそお釈迦様も、あるときは兎であったり、あるときは鹿であったり、あるときは仙人であったりと、長い間に生まれ変わりを繰り返してようやく仏に到ったのです。

それはどのくらいの時間なのかと言えば、仏教の経典には、我々が仏になるには何億年どころではない気の遠くなるような長い時間をかけて生まれ変わりを繰り返して、ようやく仏になるかならないかだと書かれています。それに向かって延々と努力をしていかなくてはいけないというのですが、それは実現不可能と言っているのに等しいでしょう。それほど遠い目的であった仏について、馬祖は「あなたの心が仏だ」と言ったのですから、これは驚くなというほうが無理な話です。

馬祖がそんなことを言ったものですから、禅の教えは他の宗派から攻撃されました。我々は仏になるために長い長い修行を繰り返していこうというのに、「普段の心がそのまま道である」とか「あなたの心が仏である」とかとんでもない話だ、と。しかし、これはすばらしいことなのです。どうしてすばらしいのか、これからお話ししていきたいと思います。

まず「心が仏である」といっても、我々仏道を学んでいる者ならばいざ知らず、社会で活動しておられる方は別に仏になろうと思って日々努力しようと考えたりしないでしょう。これをどう受け止めたらいいのかなと思っていたところ、ある日、講演に行った武蔵野大学の入口に掲げられていた、高楠《たかくす》順次郎という仏教学者の言葉が目に飛び込んできました。それは「人間の尊さは可能性の広大無辺なることである。その尊さを発揮した完全位が仏である」という言葉でした。私はそれを見て、これはいい言葉だなと思いました。

この高楠先生の表現に倣えば、「心が仏である」ということは、我々の心には無限の可能性が秘められているということでしょう。私たちはその中の一部しか使っていないけれども、そんな無限の可能性を抱いたものが私たちの心の本質なのだと見てとったならば、皆さんにも親しみやすくなるのではないかと思ったのです。それとともに、「心が仏である」ということのすばらしさに気づいていただけるのではないかと思うのです。

●瓦をいくら磨いても鏡にはならない——平常心とは何か

この「心が仏である」ということを理解する前に、まず馬祖の説く「平常心」がどういうものなのかを学んでいきたいと思います。最初に『景徳伝灯録』の中にある「甎《せん》を磨いて鏡と作《な》す」というお話をご紹介します。一字一句原文を読むことは省略して、現代語の意訳でお話を進めていきたいと思います。なお、参考のため原文も掲載しておきます。

開元中に沙門道一なるもの有り。即ち馬祖大師なり。伝法院に住して常日坐禅す。
師、是れ法器なりと知り、往きて問ふて曰く。大徳、坐禅して什麼《なに》をか図ると。
一曰く。作仏を図ると。
師、乃ち一塼《いっせん》を取り、彼の庵の前の石上に於いて磨す。
一曰く。師、作麼《なに》をか作すと。
師曰く。磨して鏡と作さんと。
一曰く。塼を磨するも豈《あ》に鏡と成すことを得んやと。
師曰く。坐禅、豈に成仏を得んやと。
一曰く。如何なるか即ち是なると。
師曰く。人の駕するが如し。車、行かずんば車を打つが即ち是なるや、牛を打つが
即ち是なるやと。
一、対《こた》ふること無し。
師、又曰く。汝、坐禅を学ぶとや為ん、坐仏《ざぶつ》を学ぶとやせん。
若し坐禅を学ばば禅は坐臥に非ず。
若し坐仏を学ばば仏は定相《じょうそう》に非ず。
無住の法に於いて応に取捨すべからず。

汝、若し坐仏せば即ち是れ仏を殺す。
若し坐相を執せば其の理に達するに非ずと。
一、示誨《じかい》を聞くや、醍醐《だいご》を飲むが如し。

ここにある師とは南嶽懐譲禅師という方で、一とは馬祖道一禅師です。馬祖禅師は伝法院というところで坐禅修行をしていたときに、師匠となる南嶽禅師に出会いました。

馬祖道一は非常に優れた方で、いつも腰骨を立てて姿勢を崩さずに坐禅をしていたそうです。それこそ朝から晩まで、あるいは晩から朝まで、あの人はいつ寝るのだろうかと言われるほどでした。昔の優れた禅僧には夜も眠らずに坐禅をしていたという方が何人もいらっしゃいます。馬祖禅師もそんな方だったようです。

それを見ていた南嶽禅師が聞きました。「あなたは坐禅をしていったい何をするつもりですか」。馬祖は言いました。「仏になろうと思います」。すばらしい答えです。仏になるというのは無限の彼方にある目標ですが、それに向かってひたすら私は努力しているのです、と言ったのです。

それを聞いた南嶽禅師はその場にあった一枚の瓦を取り出して一所懸命磨き始めま

した。不思議なことをするものだなと思って馬祖禅師は「瓦を磨いて、いったい何になさるおつもりですか」と聞きました。すると南嶽禅師は「瓦を磨いて鏡にしようと思っているんだ（磨して鏡と作さん）」と答えました。

果たして瓦を磨いたらいつかは鏡になるでしょうか。可能性はゼロではないのかもしれませんが、普通に考えれば、いくら磨いても瓦は瓦であって鏡にはなりません。だから馬祖は「瓦なんかいくら磨いたところで鏡にはなりませんよ」と言いました。それに対して南嶽禅師は「瓦をいくら磨いても鏡にならないように、いくら坐禅をしたところで仏にはならないよ」と言ったのです。喩えとしてはやや飛躍しているような気もしますが、そう言ったわけです。

馬祖は「では、どうしたらいいのですか」と聞きました。すると、南嶽禅師は「牛に車を引かせて進んでいて車が進まなくなったときに、車を鞭で打つのか、牛を鞭で打つのか、どちらがいいのか」と逆に問いました。

これは誰でもわかるでしょう。車をひっぱたいてもしかたありません。牛をひっぱたいて「進め」と言わなければ前には進みません。

馬祖が答えずにいると、お師匠さんは「あなたは坐禅を学ぶのか、それとも坐った形を学ぶのか」と問いました。そして、「坐禅というのは坐った形ではないのだ。形だけを学んでいたならば、それは禅の生命をむしろ損なってしまうものである（若し坐禅を学ばば禅は坐臥に非ず）」と言いました。それはなぜかというと、「仏様は特別な姿を持っているものではない。そのときそのときいろいろな姿をしているものだ（若し坐仏を学ばば仏は定相に非ず）」からだと。さらに「あなたが坐った姿勢だけを仏であると思っていれば、それは本当の仏を殺してしまう（汝、若し坐仏せば即ち是れ仏を殺す）」し、「坐るという形にとらわれていては、その真実に達することはできない（若し坐相を執せば其の理に達するに非ず）」と言いました。

これは大事なところですが難しいことでもあります。坐るという階梯《かいてい》を経なければ真理に達することはできないのですが、坐るという形だけにいつまでもとらわれていたのでは本当の自己の無限の可能性に気がつくことはできないということなのです。

●「信じる」とは学び、実践し、納得し、確信すること

馬祖禅師は南嶽禅師の言葉を聞いて、仏の本質は何かということに気づきました。どういうことに気がついたか。それは馬祖禅師の語録の中にあるお説法の言葉に明らかにされています。それが次の言葉です。

一日衆に謂いて曰く、汝等諸人、各、自心是れ仏なり、此の心即ち是れ仏心なりとを信ぜよ。達磨大師、南天竺国より来たりてみずから中華に至り、上乗一心の法を伝えて汝等をして開悟せしむ。又楞伽経《りょうがきょう》の文を引いて、以て衆生の心地を印す。恐らくは汝、顛倒して此の心の法、各々にこれ有りというを信ぜざらんことを。故に楞伽経に云く、仏語は心を宗と為し、無門を法門と為すと。（『景徳伝灯録巻六』）

長い言葉ですけれども、一番大事な中核となる言葉は「自心是れ仏なり、此の心即ち是れ仏心なりと」です。これは「自分の心が仏であり、自分の心こそすばらしい無限の可能性を秘めた宝であることを信じなさい」ということです。達磨様がはるばるインドの国から中国にやって来て示そうとされた教えはこの一つのことだけなのだ、というのです。

ここに「信」という言葉が出ていますけれども、『臨済録』の中には「信」という言葉は二十回出てきます。私は「『臨済録』における信について」ということについて講演したことがありますが、そのときに全部数えたのです。そして、その二十のうちの一つは名詞として「便り」という意味で使われ、残りの十九個は「信じる」という意味で使われています。

禅は悟りの宗教で、坐禅をして悟るのですが、『臨済録』では「坐禅をしろ」とは言いませんし、「悟れ」とも言いません。でも、「信じよ」ということは繰り返し言っています。ただし、その「信」は、俗に言う「鰯《いわし》の頭も信心から」というような、なんでも闇雲に信じるような盲信ではありません。ちゃんとした理論を書物なり経典なりによって学んで、それに従って実践をして、「なるほど間違いない。その通りだ」というふうに自分で納得をし、確信をすることとです。『臨済録』に説かれる「信」とはそういうあり方です。

では、何を確信するのでしょうか。これは次のように説かれています。


示衆に云く、道は修するを用いず。但だ汚染すること莫れ。何をか汚染と為す。但《も》し生死の心有りて、造作し趣向せば、皆是れ汚染なり。若し直に其の道を会せんと欲せば、平常心是れ道なり。何をか平常心と謂う。造作無く、是非無く、取捨無く、断常無く、凡無く聖無し。経に云く、凡夫行に非ず、聖賢行に非ず、是れ菩薩行なりと。只だ如今の行住坐臥、応機接物、尽く是れ道なり。道は即ち是れ法界なり。乃至、河沙の妙用も法界を出でず。若し然らずんば、云何が心地法門と言い、云何が無尽灯と

言わん。(『馬祖の語録』入矢義高・編／禅文化研究所)

「平常心是れ道なり」とあります。これを確信するのです。それにはどうしたらいいのかというと、「道は修するを用いず」ですから、何も特別なことはしなくていい。よけいなことをすると心が汚されてしまうから「汚染せること莫れ」汚染しないようにすればよいというのです。「造作し趣向せば、皆是れ汚染なり」真実の道を得たいなどと思うこと自体が既に汚れることなのだ、と。

平常心とは何かというと、「造作無く、是非無く、取捨無く、断常無く、凡無く聖無し」とあります。これは何も取り繕うことをしないということです。

しばしばスポーツ選手などが「平常心を失わないように」と言います。これは、「どんな困難にも心が乱れないように努力して、乱れない状態を保つ」ということでしょう。しかし、馬祖の説いた平常心は全く違います。乱れないでおこうとすること自体が造作なのです。別に緊張したら緊張したでいい。取り乱したら取り乱したでいい。そのありのままの心が平常心なのだと馬祖は言うのです。逆に、そういうふうに受け止めていれば、かえって緊張しないのではないかと私は思います。

これと同じようなことを説かれたのが日本の盤珪《ばんけい》禅師です。ある方が来て、「自分は雷が恐くて、雷が鳴ると驚いて困ります。どうしたら驚かないようにできるでしょうか」と尋ねました。この驚かないという姿が一般の方の想像される平常心というものでしょう。ガラガラガラっと雷が鳴っても平常心でいるにはどうしたらいいでしょうかとその方は聞いたわけです。

盤珪さんは「驚いたらいいだろう」と言いました。驚いたらいけないと思うことが造作なのです。驚くときは驚けばいいんだと思っていたほうが穏やかでいられるのではないでしょうか。取り繕うことをせず、普段のまま、ありのままでいることです。「是非無く、取捨無く」心の中の迷いの部分を捨てて、悟りの部分だけ取り出そうというような考えはいらないのです。逆に、「凡無く聖無し」心の中の悟りの部分だけ置いて迷いの部分を切り捨てようというようなものでもないのだと。

そして「只《た》だ如今の行住坐臥、応機接物、尽く是れ道なり」と。「行住坐臥」行くも止まるも坐るも臥すも、「応機接物」目で物を見たり耳で聞いたり物に触れたり、「尽く是れ道なり」そういう日常の様々な活動自体、そのありのままの全体が仏道なのだと言っているのです。

これが馬祖道一禅師の説かれた「平常心」の教えです。一遍にそう言われても取りつく島がないかもしれませんが、そのようなものであるということをお話しさせていただきました。

●問答によって教え伝える、これこそが禅の魅力

次に「即心是仏」についてお話しいたします。

「大梅山法常禅師、初めて祖に参じて問う、如何なるか是れ仏。祖云く、即心是仏。常、即ち大悟す。後、大梅山に居す」（同書）

法常禅師が馬祖道一に参禅したときに「仏とはどういうものですか」と問いました。それに対して馬祖は「心が仏である」と言いました。あなたの心が仏だということです。これはお話ししてきた通りです。

禅の教えは問答によって伝えられてきました。問答というお師匠さんと弟子とのやり取りに禅の味わいがあり、魅力があります。この法常禅師と馬祖道一のやりとりも問答の一つですが、次にもう一つご紹介したいと思います。

（大珠慧海《だいしゅえかい》）師初め江西に至り馬祖に参ず。祖問う、何処より来たる。曰く越州の大雲寺より来たる。祖曰く、此に来たって何事をか須《もち》いんと擬す。曰く、来たって仏法を求む。祖曰く、自家の宝蔵を顧ず、家を抛って散走して什麼《なに》をか作す。我が這裏、一物も也無し。什麼《なん》の仏法をか求めんと。師遂に礼拝して問うて曰く、阿那箇か是れ慧海自家の宝蔵。祖曰く、即今我に問う者、是れ汝が宝蔵。一切具足して更に欠少《かんしょう》無く使用すること自在なり。何んぞ外に向って求覓《ぐみゃく》すること仮らん。師言下に自ら、本心の知覚に由らざることを識り、踊躍して礼謝す。師事すること六載。（『景徳伝灯録巻六』）

大珠慧海という人が馬祖道一のところに参禅にやってきました。馬祖禅師は大珠慧海に向かって「どこから来たのか」と聞きました。これは禅の問答でよく聞かれる質問です。すると大珠慧海は「越州の大雲寺より来ました」と答えました。「どこから来たのか」と聞かれると「どこどこにある何々寺より参りました」と答えるのは禅の問答の習わしになっています。

馬祖は言いました。「ここへ何しに来たのだ」。何をしに来たかわかっていそうなものですが、そう聞いたのです。大珠慧海は「仏法を求めて来ました」と答えました。

　それに対して馬祖はこう言いました。

「自家の宝蔵を顧ず、家を抛って散走して什麼をか作す」

　この「自家の宝蔵」とは大珠慧海の心をさしています。あなたは仏あるいは仏法という宝がすべて具わっているすばらしい心を既に持っているのに、それを捨てて外に向かって走り出て来て、「宝はどこにありますか」と言っている。なんという愚かなことをするのだ、と言ったのです。

　そして馬祖が「私のところにはあなたに与えるようなものは何も無い」と言うと、大珠慧海は礼拝をしてさらに問いました。「私に本来具わっているすばらしい宝の蔵というのは、いったいどういうものなのでしょう」と尋ねたのです。そこで馬祖は言いました。

「即今我に問う者、是れ汝が宝蔵」

　宝のお蔵はどこにあるのですかと今質問をしている者が宝の蔵だ、と言ったのです。宝の蔵が「宝の蔵はどこですか」と聞いているようなものじゃないか、お前が宝の蔵なんだ、と言ったわけです。

　さらに言いました。

「一切具足して更に欠少《かんしょう》無く使用すること自在なり。何んぞ外に向って求覓するこ

と仮らん」

あなた自身にすべての宝が具わっていて何も欠けているところはない。自由自在に使って無限に使えることのできる宝をあなたは心に持っている。それをなげうって外に向かって仏法を求めようというのは、なんとお前は愚かなのだ、と。

そう言われて大珠慧海はハッと気がつきました。「そうか。今この質問をした私自身が宝であったのだ」と。そして一瞬にして大悟したのです。

こうやって気づかせるのが禅の問答です。後に臨済が悟るときの問答も、あるいは臨済禅師がお弟子に対して行っている問答も、その構造はおよそ皆同じです。

これが「直指人心《じきしにんしん》」と言われるものです。直に心をさす。あなたの心だ、宝はあなたの心だと指さして示すのです。その宝に、ああそうだと気がつけば仏なのです。これこそ達磨様が伝えて馬祖道一禅師に至って確立された禅の教えです。

●人間を大肯定する馬祖禅の教え

ここで馬祖道一禅師の教えをまとめておきます。駒澤大学の小川隆先生によれば馬

祖の禅というものは思想史的には次の三つの言葉でまとめられています。（『禅思想史講義』春秋社）

・即心是仏——自らの心がそのまま仏である。
・作用即性——自己の身心の自然なはたらきはすべて仏性の現れにほかならない。
・平常無事——人為的努力を廃して、ただ、ありのままでいるのがよい。

まず「即心是仏」。心が仏であり、心こそが無限の可能性を持ったすばらしい宝なのです。何も特別なことをしなくても、ありのままの心がそのまま仏なのです。だからと言って、全く緊張しないとか驚かないというのではありません。驚いたら驚くという働きが仏の心の働きであり、むしろ敏感に驚くからこそ様々なことに柔軟に対応することができるのでしょう。

たとえば、大事な舞台に出て緊張するのはかえって親しみやすいということにもなります。そういう人ならば緊張する人の気持ちもわかるでしょう。全く緊張しないのが平常心ではないのだと受け止めたほうが、気が楽になるのではないかと思います。

この馬祖禅師の教えは、そのまま『臨済録』の精神につながっていきます。ほかならぬわが心こそが仏である。その仏は見たり聞いたり感じたりするすべての中に働いている。驚いたら驚く、緊張したら緊張する、ビクビクしたらビクビクする、その働きの中に仏が働いている。そして、仏になるにはいかなる特別の修行も必要としない。ありのままでいいのだ、と説かれたのが馬祖の禅の教えです。

小川隆先生は馬祖の禅を次のように説かれています。

> 「即心是仏」といっても、「仏」と等しき聖なる本質が心のどこかに潜んでいる、というのではありません。迷いの心を斥けて悟りの心を顕現させる、というのでもありません。己が心、それこそが「仏」なのだ、（中略）現実態の活き身の自己のはたらきは、すべてそのまま「仏」としての本来性の現れにほかならない。（同書）

「仏」と等しき聖なる本質が心のどこかに潜んでいる――私たちはそんなふうに感じることが多いのではないでしょうか。達磨様の教えなども、そういう面が強かったように思います。そんな聖なる本質が迷いの心によって覆い隠されてしまっているので、様々な修行によって心を鎮め、それを顕わにしましょうというのが達磨様の教えでした。

馬祖の禅はそこから更に発展しました。「迷いの心を斥けて悟りの心を顕現させる」悟りと迷いと分けて、迷いの心は斥けて悟りの心を顕わにさせようというのはわかりやすいのですが、馬祖の禅はそうではありませんでした。「己が心」自分の心の働き、作用が丸ごと全体仏の働きだというのです。それは「現実態の活き身の自己のはたらきは、すべてそのまま『仏』としての本来性の現れにほかならない」と小川先生が説かれている通りです。

そして、その本来性が現れたところを「活潑潑地」、いかなる場においてもいきいきと堂々と働こうという言葉で現したのが『臨済録』なのです。

取り繕うことをしないというのは馬祖禅の特徴です。馬祖が出る前までの北宗禅という達磨様以来の伝統的な教えがあります。両者の違いを小川先生はおにぎりに喩えて説明されています。まず北宗禅は、梅干おにぎりのようなものだというのです。梅干が仏の心であって、周りのご飯が煩悩などの迷いの心と考えます。梅干はご飯の中に入っているから外からは見えません。そのご飯という様々な迷いを取り除いていくと、中に梅干という仏の心が見つかる。これが北宗禅の見方です。

馬祖禅は違います。五目おにぎりだというのです。具とご飯は混じり合って一緒になっているという見方です。つまり、仏の心と迷いの心は一緒になっているのです。

だから馬祖禅は五目おにぎりなのだと小川先生は言われています。五目おにぎりの具とご飯とを分けることはできません。全体が五目おにぎりなのです。それと同じように、私たちの心の中にある迷いの心も悟りの心も区別はできません。そんな心の働きがまるごと仏であるということなのです。

スヌーピーという犬のマンガがあります。スヌーピーはいつもごろごろしています。それを見たお嬢さんが「あなた、そんなにごろごろしてばかりいないで、犬としての仕事をちゃんとしなさい」と注意します。犬の仕事とは、お手をすることなのか、尻尾を振ることなのか、ご主人が帰ってきたらお迎えすることなのか、あるいは散歩のお伴をすることなのでしょうか。

スヌーピーはお嬢さんが行ってしまった後にこんなことを言うのです。「まあそうかもしれない。でも犬であることはフルタイムジョブなんだ」と。自分が犬であるということは、二十四時間、犬という仕事をしていることなんだというわけです。

ご主人の言うことを聞いてお手をしたり、散歩のお伴をしたり、帰ってくるのを待っていたり、そんな特別なことをするだけが犬の仕事ではない。寝ていても、起きていても、ご飯を食べても、あるいは大小便をしても、その働きがすべて、フルタイム犬の仕事なのです。

これは馬祖禅の考え方そのものです。フルタイム仏の働きなのです。寝ているときも、起きているときも、服を着るのも、大便も小便も、フルタイム二十四時間が仏としての営みの現れなのです。これは人間を大肯定する教えですから、一面から見れば、すばらしい教えではなかろうかと思います。臨済の教えは、そんな馬祖の教えを忠実に受け継いでいます。

自己のすばらしさというものは何も特別な修行をして達成されるようなものではないし、どこか特別なところだけに現れるものでもありません。引っ込んだり現れたりというようなものではなくて、どんなところにあっても、どんな状況にあっても、堂々と、いきいきと、主体性を持って働くことのできるものです。

ですから「平常心を保たなければ」と考えると、保っているときと失うときと、二つに分かれてしまいます。そんなことばかり意識をしていると、なかなか本当にいきいきと働くことはできないと私は思います。

自分の二十四時間の活動が全部そのまま仏の現れなのだという見方をしてこそ、いきいきと働くことができるのです。居眠りをしていたって、それも仏の働きの一つです。滑っても転んでも、それが仏の姿なのです。

●とらわれがなければ自由自在に生きることができる

今、学んだ教えが「なるほど」と思われる箇所を『臨済録』の中から選んで読んでみたいと思います。『臨済録』の「示衆《じしゅ》」の一節です。これは馬祖の教えを忠実に顕現しているところです。

道流《どうる》、心法《しんぽう》は形無くして、十方に通貫す。眼《まなこ》に在っては見《けん》と曰《い》い、耳に在っては聞《もん》と曰い、鼻に在っては香《か》を齅《か》ぎ、口に在っては談論し、手に在っては執捉《しっそく》し、足に在っては運奔《うんぽん》す。本《も》と是れ一精明《いちせいめい》、分れて六和合《ろくわごう》と為《な》る。一心既に無なれば、随処に解脱す。山僧が与麼《かく》説くは、意は什麼《いずれ》の処にか在る。祇《た》だ道流が一切馳求《ちぐ》の心歇《や》むこと能わずして、他《か》の古人の閑機境《かんききょう》に上《のぼ》るが為なり。

「道流《どうる》、心法《しんぽう》は形無くして、十方に通貫す」

心というものは何の特定の姿形も持たず、いかなるところにも満ち溢《あふ》れているものである。この小さな体に限定されるものではない。

「眼《まなこ》に在っては見《けん》と曰《い》い、耳に在っては聞《もん》と曰い、鼻に在っては香を齅《か》ぎ、口に在っては談論し、手に在っては執捉《しっそく》し、足に在っては運奔《うんぽん》す」

目で見たり、耳で聴いたり、鼻で嗅いだり、口で喋ったり、手で物を持ったり、足で歩いたり、こういう働きがすべて仏としての働きの現れなのだ。

しかもそれらは取捨選択をしません。二十四時間ほとんどこの働きの中に帰するのではないかと思います。

「本《も》と是れ一精明《いちせいめい》、分れて六和合《ろくわごう》と為《な》る」

もとは一つの心が目、耳、鼻、口、体、意識の働き（眼《げん》、耳《に》、鼻《び》、舌《ぜつ》、身《しん》、意《い》）という六つに分かれたのだ。

この六つを六根と言います。この六つの働きで四六時中働き通しに働いているものの全体が丸ごと仏なのです。だから二十四時間の全部の働きが仏の営みなのだということになります。

「一心既に無なれば、随処に解脱す」

心に何事のとらわれがなければ、どんなところにいても、さらりさらりと自由に生きていくことができる。

この「一心既に無なれば」というのは、「空」という言葉に近いと思います。何事にもとらわれがないことです。

「山僧が与麼《かく》説くは、意は什麼《いずれ》の処にか在る。祇《た》だ道流が一切馳求《ちぐ》の心歇《や》むこと能わずして、他《か》の古人の閑機境《かんききょう》に上《のぼ》るが為なり」

私がこのように説くのは、あなた方があれこれ求めまわることをやめずに、昔の人のつまらないカラクリに陥ってしまっているからだ。

我々は常に過去の出来事にとらわれ、従来の習慣や慣例にとらわれてしまいます。それが結局は自分たちの行く道を狭めていることになるのかもしれません。

●我々の心は水と同じようなもの

ここのところを今北洪川老師は、次のようなお説法で具体的に表現されています。

「皆の胸の中に自性《じしょう》の天真仏と云て、結構な仏さまが光を放ってござる…立《たと》うと思へば、すいと立ち、居《す》はろうと思へばちょとすわる。此外に何も込み入た分別はいらぬ…」（『激動期明治の高僧　今北洪川』鈴木大拙・著／春秋社）

あなた方の胸の内には、本来の仏というすばらしい仏が光を放っているのだ。立とうと思ったらすっと立つ。居《す》わろうと思ったらちょっと居わる。その働きがもう仏なのだ。

「然らば此の立つやつ、居《すわ》るやつ、見るやつ聴くやつに、気を付けて、成程仏法はこいつじやと、只一念信入するが肝心じゃ。信心の志さへあれば、親しく其味を知て、牡丹餅に氷おろしを付けて喰ふ羊《よう》に有《あろ》う。忽《たちま》ち大安楽の境界に至ることは間違ひ無いことぞ」（同書）

それだから、この立とうと思ったら立つ、居わろうと思ったら居わる。今見ているもの、今聞いているものに気をつけて、なるほど、ここに仏があると確信をすることが肝心である。そのことがわかれば安らかな境地になることは間違いがない。

「一心既に無なれば、随処に解脱す。山僧が与麼説くは、意は什麼《いずれ》の処にか在る。祇だ道流が一切馳求の心歇むこと能わずして、他の古人の閑機境に上るが為なり」

その一心が実は実体なきものだとみれば、いかなる現象世界にあろうと解脱しているのだ。私がかく言う意図はどこにあるか？　ただ諸君が求めまわるのをやめることができず、その結果、先人のくだらぬカラクリに騙されているからなのだ。

心というものは固定したものがないから、いかなる状態においても自由自在に姿を変え、形を変えて働いていくことができる。そのように心には実体がないのに、我々は外に向かって求めまわる。そして昔の人が説いたいろんな言葉に振り回されてしまうことが多い。くだらぬ言葉に迷わされてしまうことが多いのではないか。

ここにある「一心既に無なれば」というのは、京都の女子大学の前身を創られた有名な教育学者である甲斐和里子さんの和歌の心だと私は思います。こんな和歌です。

岩もあり
木の根もあれど
さらさらと
ただささらさらと
水の流るる

水というのは特定の姿形を持ちませんから、その場その場において自在に変化していくことができます。これが水の大きな力、働きであろうと思います。我々の心というものも、本来、この水と同じなのです。

●どんな時代にあっても仏は現れて働いている

この臨済禅師の教えの特徴をもう少しわかりやすく学んでみようと思われた方は、禅文化研究所から出ている山田無文老師という昭和を代表する禅僧の『臨済録』（禅文化研究所刊）をお手に取っていただくといいのではないかと思います。岩波文庫の『臨済録』は現代語訳だけですが、山田無文老師は『臨済録』をお説法で説いてくださっております。

今回の最後にあたって注目をしたいのは、その本の帯に説かれている文章です。『臨済録』の教えの中核は今回説いた馬祖の教えを忠実に受け継いでいるのですが、臨済禅師が説かれた教えの特徴の一つは、この外の世界あるいは既成の仏教界、既に凝り固まってしまった学問的な仏教の在り方に対する極めて強い批判精神にあるのです。

この本の帯にはこう説かれています。

「臨済がみんなに求めるところは、人にだまされるな、ということだ。学問にだまされるな。社会の地位や名誉にだまされるな。外界のものにだまされるな。何ものにもだまされぬ人になれ。それだけだ」

このように無文老師は臨済禅師の教えを特徴づけて説かれています。

「外界のものにだまされるな」といっても、「外の情報を遮断しろ」ということではありません。そうではなくて、我々が得ている情報にはどうしても偏りがあり、自分が今見ているものの見方は必ずしも真理を得ているわけではない、真理の一部分しか見ていないのだということを冷静に自覚した上で、何が正しい判断なのか、様々な情報を慎重に精査していくことが必要なのです。私たちはそうしていくしかないと思うのです。

「外界のものにだまされるな」というのは、外の情報を全く受けつけないということではなく、むしろ「自分たちはまだ十分なことがわかっていない」と謙虚に受け止めるということです。我々は自分の都合のいいものだけを見たいものです。

たとえば昨今のコロナにしても、できれば早く収まってほしいと思います。だから、もう大丈夫なのではないかという情報を信じようとします。でも、今もなお様々な説があります。そういうものを公平に見て、騙されないようにしていくことが非常に大事であろうと思います。そのようにして偏らないことが大事だと思います。

そういう謙虚なものの見方をして、銘々がすばらしい判断能力、すばらしい宝を持っているのだということを自覚していく。それを強烈な表現で説いているのが『臨済録』の魅力であろうと思うのです。


最後に、今回、最初のほうでお話しした大拙先生の教えの答えです。渡り鳥か飛行機か。スイスの先生は禅というものは自然の渡り鳥のような世界なのではないかと思われたのでしょう。秋月龍珉先生はそうではなくて、「禅はすばらしい性能の飛行機を作り出して安全な飛行を実現するところにこそ働いている。だからいかなる働き、営みの中にも仏の真実性は発揮されるのだ」と言われました。

馬祖禅はそこにもかかわって来るのです。現代社会はダメだからといって、山の中に引っ込んでお粥を食べていればいいのではない。あらゆる活動の中に仏は現れているのだというのが馬祖の教えですから、飛行機であろうと、リモートであろうと、何であろうと、そこに現れて働いていくのが仏なのです。それが臨済の精神にもなるわけです。

でも、大拙先生は自分の考えは違うと言われた。では、なんと言われたのか。このように言われました。

「わしの考えは秋月君ともまたすこしちがう。わしは飛行機も使わず、渡り鳥のようにでもなく、ここにこうして坐っておって、寸歩を移さずして世界中を飛んでおる」

（『鈴木大拙の言葉と思想』秋月龍珉・著／講談社現代新書）

今はありがたいことにリモートという機能を持った機械のお陰で、私も寸歩を移さずして、皆さんとお目にかかっております。この鎌倉（円覚寺）から一歩も動かずに皆さんと出会っております。でも大拙先生から言わせれば、停電になって光が消えても、通じ合っているのです。これが大拙先生の説かれた無分別の世界、霊性の世界であろうと思います。

本日の講義はここまでで終わりにします。今回学んだ馬祖の禅の教えを土台にして、次回から『臨済録』を本格的に学んでいきたいと思います。

第二講

自己に目覚める——臨済の開悟

●「春はすぐそばにあった」という気づきが感動につながる

第二回の講義を始める前に前回の内容について質問をいただきましたので、いくつかお答えしたいと思います。

一つは「心が仏である」ということについて。言葉としてはシンプルだけれどもピンと来ないのでわかりやすい喩えがないか、という質問です。確かに「心が仏である」といきなり言われても、何のことかとピンと来ないかもしれません。

「探春」という漢詩がございます。ご存知の方もいらっしゃるかもしれませんが、こういう詩です。

尽日《じんじつ》春を尋ねて春を見ず
芒鞋踏遍《ぼうあいとうへん》す　隴頭《ろうとう》の雲
帰り来たりて適《たまたま》梅花の下《もと》を過《す》ぐれば
春は枝頭《しとう》に在って已《すで》に十分

春というのがどこにあるのかと草鞋《わらじ》を履いてあちらの村こちらの村と歩き回って探していた。でも、どこを探しても春を見つけることはできない。くたびれて我が家に帰って来てみると、自分の庭に花が咲いていた。それを見て、「ああ、春はここにあったのだ」と気がついた、と。

これも「春はあなたの庭にありますよ」といきなり言われても、「ああ、そうか」とすぐには納得できないと思います。しかし、春はどこにあるだろうかと、長い間、あちらこちらへ草鞋が磨り減るまで春を探し歩いて、それでも見つからずにヘトヘトになって家に帰って来た。そのときに、「春はあなたの庭に咲いていますよ」と言われれば「ああ、ここにあったんだ」と感動するのではないでしょうか。

前回お話ししましたが、仏になるというのは限りなく遠い目標で、少なくとも私たちが生きている間はいくら努力をしても到達し得ないと説かれてきました。もう一度何かに生まれ変わって、さらにもう一度生まれ変わって、ということを営々と繰り返してようやくたどり着くかどうかというものだと考えられていました。そんなところに、「仏はそんな遠いところにあるのではなくて、探しているあなた自身が仏なのですよ」と言われたら、これは驚きと感動と、そして安らぎになると思うのです。

もう一つ、私が好きな喩えに「火の神様が火を求める」という喩えがあります。火の神様は炎の神様ですから、本人が燃えているのです。その火の神様が隣家に「ちょっと火を貸してください」と訪ねていきます。家の人は火を貸してくださいと言って来たのが火の神様だったので、「あなた自身が火でしょう」と言いました。そう言われた火の神様は「あっ、そうか。自分は火であった。何も自分は火を探す必要はないんだ」と気がつくのです。これも仏というものがどういうものかを表す、よくできた喩え話だと思います。

皆さん、宝物を一所懸命探すでしょう。「どこかにすばらしい宝はないか」と。たまに家の古い蔵を片付けたら大変なお宝が出てきたということがありますけれども、お宝はないかと思っていたら、「なんだ、自分のところにあったじゃないか」と。「心が仏である」というのもそういう感じです。

これに関連して、「人の心には生まれたときから既に仏性、仏の心が授けられていて、何をするにも自分と仏とは一体であるのだから、様々なことに影響されて惑われたりしないで、自分の中の仏の心に問いかけて生きていけばいいということなのでしょうか」というご質問もありました。その通りです。自分と仏は一体ですから、何をするにも自分の中の仏の心に問いかけていけばいいのです。

●「ありのままでいい」と「このままではいけない」の繰り返し

　前回、スヌーピーの話をしました。スヌーピーは二十四時間フルタイムジョブで、ずっと犬の仕事をしている。二十四時間犬として生きていることが自分の仕事なんだと。この話を聞いて「わかりやすく自分の生き方を肯定できた」というご意見がございました。そうなんです。それが馬祖の禅の特徴です。馬祖の禅というのは、何も特別な努力をしなくても、日常のありのままの暮らしそのものがすべて仏なのであって、仏というのは努力して到達するものでないという見方をするのです。

　この頃いろいろなところでセルフコンパッション、自己肯定という言葉を耳にします。日本人は国民性なのか気質なのか、自己肯定感が低いという話を聞いたことがあります。でも、自己肯定感というのは難しいもので、あまり自己肯定し過ぎて「ありのままでいいんだ」と開き直ってしまうのも、はた迷惑になってしまいます。これは兼ね合いなのです。

「悟りとは永遠の運動である」と駒澤大学の小川隆先生が仰っていますが、禅の歴史を見ると、そのままでいいんだという肯定派と、そのままではだめだという否定派とが、絶えず議論を繰り返してきました。

鈴木秀子先生の本の中に、おじいさんとおばあさんのこんな話が載っていました。ある女性が田舎から都会に働きに出ようというときに、おじいさんとおばあさんがそれぞれ話をしてくれたというのです。おばあさんは「あなたはこれから街に働きに出るのだから、自分のことは自分で責任持ってしっかりやりなさい」と言いました。しかし、隣で聞いていたおじいさんは「全部が全部、自分のことは自分で責任とるなんていうのは無理だよな」と呟《つぶや》きました。それが何回か繰り返されます。おばあさんが「ちゃんとしっかりやりなさい」と言うと、おじいさんはポツリと「なんでもかんでも人間はきちっとは行かないものだ」と反対のことを言うのです。

その女性が年をとってからこう言いました。「自分が一生涯どうにか生きてこられたのは、その二つの教えがあったからだ」と。「これではいけない」と一所懸命努力をしようという気持ちと、「そう思ってもなかなか人間は努力ばかりできないものだ」という気持ち。自分を肯定してくれる人と自分を否定してくれる人、それぞれの二つの教えがあったから、今日まで生きてくることができた。「いつもきちんとしていなければいけない」と自分を厳しく否定するおばあさんの教えだけであれば、きっと人生に行き詰まっていたかもしれない。逆に、おじいさんの言うように、「まあそんなに無理しなくていいんだ、そのままでいいんだ」という教えだけを聞いていたら、自分の人生は自堕落なものになっていたかもしれない。この二つの教えが自分の人生を支えてくれたのだというわけです。

常に前を向いて前進しなくてはいけないとなると、人間は疲れてしまいます。ときには「このままでいいんだ」と現状の自分を肯定することも必要なのです。

禅の歴史もその通りになっています。馬祖禅師の「ありのままでいい」という教えの前には、「もっと努力をしなければいけない、現状に甘んじてはいけない」という教えがありました。また、馬祖の教えのすぐ後には、弟子たちから「それではいけない」という教えが出てきました。

禅の歴史には、この二つの教えが交互に出てまいります。「このままではいけない」という教えが強調されて表に出てくるときには、「ありのままでいいんだ」という教えが下で支えているのです。「ありのままでいいんだ」という教えが表にあるときは、「このままではいけない」という向上心が下にあるのです。そういう相克があるということが非常に大事ではないかと私は思います。

ですから禅というのは「これだ」という教えが一つあって、それが永遠に続くというものではありません。弟子の側からも平気で師匠の批判をします。むしろ自分が師匠のコピーたることを嫌うのです。そういう動的なダイナミズムの中にあるのが禅の教えであり、魅力的なところであると言えるでしょう。

●『臨済録』の成立過程――三種類のテキスト

さて、それでは本日の本題に入ってまいりたいと思います。

今日はまず、禅の問答というものがどういうものなのかを明かしていきたいと思います。今でもたまに言うかもしれません。わけのわからないことを言っていると、「なんだ、禅問答みたいだな」と。かくのごとく、禅問答というとわけのわからないことの代名詞になっているようです。しかし、決してそうではありません。

そこでまず、種明かしではありませんけれども、問答が何を明らかにしているのかということを解明してみたいと思います。それを土台にすれば、臨済がどのようにして悟っていったのかがわかるようになります。

二番目に、悟る前の臨済禅師がどういう状況にあったのかということをお話しします。それから三番目に、臨済の最初の問答の様子を見ながら、臨済の開悟について究明していきたいと思います。そして四番目に、悟った後の臨済はどういうふうになっていったのかということをお話しします。今日はこの四つの段階で講義を進めていきたいと思います。

その前に、『臨済録』についてお伝えしておきたいことが一つあります。今、岩波文庫で入手できる『臨済録』は入矢義高先生訳注のものですが、以前には円覚寺の朝比奈宗源老師訳註の『臨済録』がありました。この本は今、タチバナ教養文庫に入っています。この二冊は原文の読みに若干の相違がありますが、それほど大きな違いはありません。定本となっているのは同じ版の『臨済録』です。

朝比奈老師の『臨済録』をできる限り踏襲したのが入矢先生の『臨済録』と考えていいと思います。そのほかに中公文庫に入っている柳田聖山先生訳の『臨済録』がありますが、これは元となる本が違います。その違いについてはこれからの講義で紹介していきたいと思います。

また、今、紹介いたしました本がすべて本文・現代語訳・簡単な注釈からできているのに対し、禅文化研究所から出ている山田無文老師の『臨済録』は講義録をまとめたものです。しかも、実際に修行をしている人たちへの講義をまとめていますから、かなり専門的なものになっています。同じ『臨済録』のテキストでも、どういう人が対象になっているかによって、随分その内容が変わってきます。

先般、私は致知出版社の講座で「十牛図」の話をいたしました。今、書籍になっていますが、あのときの講義は現実に働いている皆さんを対象にしていますから、一般の人が読んでも非常にわかりやすいものになっていると思います。もちろん、禅の修行者を対象に講義をしたら、また違ったものになっていくと思います。

山田無文老師の講義録は禅の修行をしている人たちに向けたものですが、非常に明解で、これ以上わかりやすいものはないというぐらい親切に解説をされています。『臨済録』について詳しく学ぼうとするには一番いい本ではないかと思っています。


このテキストの違いについて補足しておきますと、『臨済録』には元となる三種類の本があります。

臨済義玄禅師は西暦八六七年、九世紀の終わりにお亡くなりになりましたが、その言葉が『祖堂集《そどうしゅう》』（九五二年）、『崇《す》鏡録《きょうろく》』（九六一年）、『景徳伝灯録《けいとくでんとうろく》』（一〇〇四年）巻二八といった書物に断片的に残されていました。それが第一の段階のテキストです。しかし、これは分量が極めて少ないのです。

次に臨済の言葉は宋の時代の最初にできた『四家《しけ》語録』というものに収められまし

た。『天聖広灯録《てんしょうこうとうろく》』の臨済章に収められたもので、これが『臨済録』の原型になります。第二の段階のテキストです。この『臨済録』の原型にあたるものを学びたいと思えば、柳田聖山先生の中公文庫版の『臨済録』をご覧ください。

それをさらにまとめたのが北宋の時代、宣和二（一一二〇）年に福州鼓山の円覚宗演が編集した『臨済録』です。これが第三の段階のテキストです。山田無文老師が講義をしたり、朝比奈宗源老師が訳注をしたり、今、岩波文庫に入っている入矢先生の『臨済録』は、この最後にできたテキストが原本になっています。

今に伝わるのは第二と第三の二種類の『臨済録』と言っていいのですが、この二つは編集の仕方が違います。中公文庫版の『臨済録』は臨済の伝記から始まります。これは『四家語録』に収められた『臨済録』が原本になっています。この『四家語録』は、ほぼ同じような思想を持っている馬祖、百丈、黄檗、臨済という四人の語録集で、ここに収められた『臨済録』は、臨済がどういう修行をして、どういう悟りを開いたのかという伝記から始まっています。

それが北宋末にできた岩波文庫版の『臨済録』になると、最初にお説法があって伝記は巻末に付けられました。

このように、伝記から始まるか、説法から始まるかという違いがあるのです。この講義では、初めて『臨済録』に触れる方が多いと思いますので伝記から入っていきたいと思っています。

●禅問答の目的とは「自分自身が宝である」と気づかせること

先に申し上げたように、今日はまず禅問答の構造を学んで、それがどういうものなのかについてお話ししていきます。いったい禅問答とは何を明らかにしているのかというと、心が仏であるという馬祖の教えを明らかにしているのです。では、馬祖の教えとはどういうものであったか。少し前回の復習をしておきましょう。

馬祖の禅というのは、「即心是仏」「作用即性」「平常無事」という三つの言葉で言い表すことができます。ほかならぬわが心こそが仏であり、私たちが見たり聞いたりする働きの中に仏が発揮されているということなのです。だから、わざわざ仏になるための修行は必要ない。もうそのままで仏なのです。見たり、聞いたり、ご飯を食べたり、それこそ犬で言えばごろごろ横になっていたり、日常のすべてが仏としての本来の働きの現れにほかならないと考えるのが、馬祖禅の一番の特徴です。セルフコンパッション、自己肯定の最たるものではないかと思います。前回、それを梅干のおにぎりと五目おにぎりを比較してお話ししたことも思い出していただきたいと思います。

さて、問答の仕組みを明らかにするために、前回お話しした馬祖禅師と大珠慧海《だいしゅえかい》との問答をもう一度思い起こしてほしいと思います。

大珠慧海が馬祖道一のところに参禅にやって来たのです。

馬祖が「何しに来たのか」と聞くと、慧海は「仏法を求めてきました」と答えました。仏法とは何かを明らかにしたいと思って来たというわけです。すると馬祖は「自分の家にすばらしい宝の蔵があって、そこにすばらしい宝がある。それに気がつかずに自分の家から外に出て、宝はどこかにないかとあちらこちら探し求めていったい何をするつもりなのか」と言ったのです。

慧海は馬祖の言うことがわからず、「私が持っているという宝の蔵とはどういうものでしょうか」と尋ねます。それに対して、馬祖は「今、私に対して仏法とはどういうものでしょうかと質問をする者、あなたこそがあなたのかけがえのない宝ですよ」と言ったわけです。

先に火の神が火を求めるという話をしましたけれども、あなた自身が既に燃えているのです。火を他所に借りる必要はないのです。火はあなたであり、あなたこそがすばらしい宝なのです、と。そこにはすべて具わっていて何も欠けるものはない。いかようにも自由自在に使うことができる。そんなすばらしい宝を持っているのにどうしてわざわざ外に向かって求める必要があるのか、と。

そう言われて大珠慧海は、「ああ、そうか。今この私自身が宝なんだ」と気がつきました。

これは前回も紹介した問答ですが、結論としては、あなた自身が仏であるということを明らかにさせようとしているのです。

●生身の人間の自己の働きはすべて仏としての現れである

次に、馬祖道一禅師の弟子の無業《むごう》和尚との問答を見てみましょう。

（無業《むごう》）馬祖、其の状貌《じょうぼう》の瓌偉《かいい》にして、語音の鐘の如くなるを覩《み》て、乃ち曰く。巍巍たる仏堂、其の中に仏無しと。師礼し跪《ひざまず》いて問ふて曰く、三乗の文学は麤《ほ》ゝ《ぼ》其の旨を窮む。常に禅門の即心是仏を聞けども、実に未だ了ずること能はずと。馬祖曰く。只だ、未だ了ざざる底の心のみ即ち是にして、更に別物無しと。師、又問ふ。如何なるか是れ祖師西来密伝の心印と。祖曰く。大徳、正に鬧《さわが》しきこと在り。且く去って別

時に来れと。師、才《わずか》に出づるに、祖、召して曰く。大徳と。師、首を廻らす。祖、云はく。是れ什麼《なん》ぞと。師、便ち領悟して礼拝す。祖云はく、遮《こ》の鈍漢、礼拝して作麼《なに》かせんと。（『景徳伝灯録巻八』）

無業和尚が馬祖に参禅をしました。この無業という人は「**其の状貌の瓌偉にして、語音の鐘の如くなる**」、威風堂々たる体型であって、声も大きくて話すと鐘がゴーンと鳴るようであったと。その容貌を見て馬祖が言ったのです。

「**巍巍たる仏堂、其の中に仏無し**」

あなたは堂々たる体格をしていかにも立派に見えるけれども、肝心の中の仏がお留守であるぞ。

それに対して無業和尚は言いました。

「**三乗の文学は麤〻其の旨を窮む。常に禅門の即心是仏を聞けども、実に未だ了ずること能はず**」

私は仏教の学問についてはほぼ学び尽くしました。しかし禅で言うところの「即心是仏」、心が仏であるということだけはわかりません。それをお伺いに来たのです。

心というものは、お釈迦様の時代から様々な煩悩や欲望にまみれたよくないものだと言われていました。そんな心が仏だというのは自分には納得できないと言ったわけです。

それに対して馬祖は答えました。

「只だ、未だ了せざる底の心のみ即ち是にして、更に別物無し」

今、現に「わかりません」と言っているその心が仏なのだ。

自分が知的な解釈として「わかる」という答えが対象としてあるのではなくて、「わからない」と言っているその心こそが仏なのだ、それ以外に仏というのはないのだ、とズバリと言っています。

達磨様の教えである「直指人心《じきしにんしん》」について先にお話ししました。直接人の心を指すということですが、まさしく今、「わからない」と言っているその心が仏だ、それ以外に仏はないのだと言っているわけです。

大珠慧海の問答では、慧海は「汝が宝蔵」と言われた段階でハッと気がつきましたが、どこで気がつくかは人それぞれ様々です。無業の場合は「お前のそのわからないと言っている心が仏だ」と言われてもまだピンと来なかったのです。そこでさらに問います。

「如何なるか是れ祖師西来密伝の心印」

達磨様がインドからわざわざ海を渡ってきて伝えてくれた秘密の教えというのはどういうものでございましょうか。

馬祖は今それを「あなたがわからないと言っているその心こそが仏だ」と言って、これが達磨様の一番伝えたかった教えなのだと示したつもりだったのですが、無業は気がつかないわけです。馬祖もこれにはちょっと呆れてしまいました。

「**大徳、正に閙しきこと在り。且く去って別時に来れ**」

そなたもまことにうるさいことだ。私は忙しいからひとまず帰って出直してきなさい、と言って馬祖は無業を追い払おうとします。出直せと言われた無業は、「師才かに出づ」馬祖禅師は忙しくて今日はご機嫌が斜めなのだなと思って、お暇《いとま》しようと部屋から外に一歩出ました。

「**大徳**」

その瞬間、馬祖が声をかけました。「大徳」というのは修行僧に対して敬意を表して呼ぶ言葉です。馬祖は「お坊さんよ、雲水さんよ、ちょっと待て」と呼んだのです。すると「師首を迴らす」。無業は振り返りました。人間というのは呼ばれますとハッと振り返ります。「おい、ちょっと待て！」と言われてハッと振り返る。

その振り返った瞬間に馬祖が言いました。

「**是れ什麼《なん》ぞ**」

これは何だ！

呼ばれてハッと振り返った。「それこそが仏だ」というわけです。これは心というものを実に端的に指し示しています。もうこれ以上ない端的さです。呼ばれたら人間はハッと振り返ります。この今とっさに振り返ったのは、あなた自身の生きた心です。呼ばれてハッと振り返る。そこに生きた心の働きがあるわけです。それはいったいなんなのか。それをおいて他に仏と等しい心が別にあるのではない。今呼ばれてパッとこう振り返る。その生きた心こそ仏だ、と。

「**師、便ち領悟して礼拝す**」さすがに無業和尚はそこで気がつきました。「あ、そうか、これが仏であったのか」と。そして「ありがとうございます」と恭しく礼拝をしました。そこで馬祖禅師は「**遮の鈍漢、礼拝して作麼かせん**」と言います。「このボンクラめ、今頃気づいて礼拝するとは。遅いぞ、もっと早く気がつけ」というような言葉です。言葉は手厳しいのですが、おそらく機嫌よく笑いながら言ったことでしょう。馬祖にしてみれば、ようやく気がついてくれたかといったところだったはずです。

この問答によって明らかにされようとしていることは、現実に生きている生身の人間の自己の働きはすべて仏としての現れなのだ、ということです。そのことを自覚させるために「おい」と呼んで「はい」と振り返った瞬間に、「それが仏だ」と馬祖は示したのです。

●このままでいいとわかった人はこのままではいられない

漢文の問答というのは非常に入り組んでいて難解に見えますけれども、実に端的で、実に直接的です。「おい」と呼ばれたら「はい」と答えてパッと振り返る。それこそが仏としての働きに他ならない。あなたはもう既にすばらしい仏としての働きを現しているではないか、というわけです。これは大変な自己肯定です。特別な努力をする必要はない。もう既に現れているではないか、と。問答によって、それを明らかにしようとしているのです。

これが問答の一番の原型です。最初に申し上げましたように、問答には様々な種類があります。また様々な発展形もありますから、すべてがこの原理で通用するわけではありませんが、多くの問答はこの原理によって「心が仏である」ということを明らかにしていると言って過言ではありません。

あなたの心、そしてあなたのその働きこそが仏なのだ。既に仏として生まれているのだ。すばらしいではないか、と。「人間というのは生まれて生きているだけですばらしい」というのは、よく耳にする言葉でしょう。人間の根底において、自己をそのまま肯定していると、生きる上で大きな力になります。そして、その自己肯定感が他者を許す心や愛する心につながっていくのだろうと思います。ですから、誰もがその自己肯定感を土台にして日々為すべきことをやっていけばいいのだろうと思うのです。

いろんな書物にも書かれていることですが、「自分は生まれたままですばらしい、このままで生きていることはすばらしい」と本当に気がついた人は、決してそのままではいません。論理的には説明できないのですけれども、「自分はこのままですばらしい命をいただいているんだ」と本当にわかった人は、あとは何もせずに寝転がっていようという生き方にはならないのです。自分の命をいかに生かしていったらいいのか、他者に対してどのように働きかけていったらいいのか、と必ず考えるようになります。このままでいいとわかった人は、決してこのままではいられないのです。絶えず努力をして、絶えず人のために何か働きかけをしていこうというふうになっていくものなのです。

このままでいいんだと言って、あとはごろごろしているという人がいたら、それはまだ理解が浅いか、自分の都合のよい解釈をしているに過ぎないと思います。本当にこの命というものが生きているだけですばらしいんだとわかると、この命をもっと生かしていこう、周りの人にも働きかけていこう、苦しんでいる人に何かを伝えていこうというように発展していきます。

無理に「働け、働け」と言われて働くことは苦しいのですが、深い自己肯定感が土台にあって、その上で働いていくことができれば、自分を生かす働き方ができます。片方の足で大地を踏みしめれば、もう一本の足が自然と前に出るようになるからです。馬祖禅にはそういう力があるのではないかと私は思っています。その馬祖禅の説かんとしていたところを忠実に体得して、また独自の発展した形で説いていったのが臨済の禅なのです。

●悟りを開くまでの臨済の葛藤

では次に、悟る前の臨済禅師の様子を見ていくことにしましょう。『臨済録』の中から大事なところだけを取り上げていこうと思います。

臨済禅師も馬祖の教えとほぼ同じような結論に至るのですが、いきなり心が仏であると言われても、「ああ、そうでした」というわけにはいきませんでした。春を探す詩でお話ししたように、葛藤もありました。葛藤の末に自己肯定が生きるのです。何も苦労しないものに「そのままでいいんですよ」と言っても、これはほとんど意味がないのです。

山僧往日《そのかみ》、未だ見処有らざりし時、黒漫漫地《こくまんまんじ》なりき。光陰空しく過ごすべからず、腹熱し心忙《せ》わしく、奔波《ほんぱ》して道を訪《と》う。後に還って力を得て、始めて今日に到って、道流と是の如く話度《わかく》す。


最初の「山僧」とは臨済のことです。

「**未だ見処有らざりし時、黒漫漫地《こくまんまんじ》なりき**」

私も昔、何もわからなかった頃は真っ暗な闇の中をさまよっていた。

実に具体的な言葉です。善光寺に真っ暗闇なところを歩く廊下のような場所がありますが、本当に真っ暗で方角もわかりません。そんな暗闇の中にいて苦しみ抜いていたという実に切実な表現です。

「**光陰空しく過ごすべからず、腹熱し心忙《せ》わしく、奔波《ほんぱ》して道を訪《と》う**」

そこで、いたずらに時を過ごしてはならぬと腹の中は焼けるような思いがして心は焦りに焦って、あそこに立派な老師がおられると聞き、あそこに立派な禅師が教えを説いておられると聞くと、走っていって教えを請うて回った。

本当に苦労したということが、この「奔波して道を訪う」という表現からうかがえます。この臨済録の特徴は、しばしば身体的な表現がされているところにあります。この「腹熱し心忙わしく」というのもそうです。

そういう時期を臨済が何年過ごしたのかは明らかではありません。どこの誰のところに行って、どういう修行をしたかという経歴もわかりません。臨済という方にはちゃんとした年譜がないので、臨済の言葉によって、その経歴を察するしかないのです。

ただ、こうした言葉からわかるのは、若き日の臨済が本当に苦しんでいたということです。真っ暗闇の中をさまよい、腹の中は焼けんばかりになり、心の内にチリチリ燃えるような焦りを抱きながら、道を求めてあちこち探し回る。そんな時期を過ごしていたのです。

その時期の様子を臨済は次のように語っています。

道流、出家児は且《しばら》く学道を要す。祇《た》だ山僧の如きは、往日曾《か》つて毘尼《びに》の中に向《お》いて

心を留《と》め、亦た曾つて経論を尋討《じんとう》す。後、方《まさ》に是れ済世の薬、表顕の説なることを知って、遂に乃ち一時に抛却して、即ち道を訪《と》い禅に参ず。後、大善知識に遇いて、方乃《はじめ》て道眼《どうげん》分明にして、始めて天下の老和尚を識得して其の邪正を知る。是れ娘生《じょうしょう》下《げ》にして便ち会《え》するにあらず、還って是れ体究練磨《たいきゅうれんま》して、一朝に自ら省《しょう》す。

仏教には戒律というものがあります。これが一つの独自の学問になっていて、どういうときに何をしてはいけないのかというようなことが事細かに定められました。これを律と言います。

「往日曾つて毘尼《びに》の中に向《お》いて心を留《と》め、亦た曾つて経論を尋討《じんとう》す」

自分は昔、律を研究し、お経や論集なども随分研究した。

これは先ほどの無業もそうで、仏教の学問を相当に究めていました。

「後、方《まさ》に是れ済世の薬、表顕の説なることを知って」

後になってようやく、それらが世間を救う薬か、看板の文句のごとき方便の説にすぎぬと悟った。

いくら仏教学を勉強したとしても、それは薬の効能書きを調べているようなものであって、自分自身の心の焦燥感、心の暗闇を解決するものではなかった。いくら薬について詳しくなっても、自分の病は治らなかったというのです。

「遂に乃ち一時に抛却して、即ち道を訪《と》い禅に参ず」

これではだめだと思って、それらを一度に投げ捨てて道を求めて禅に参じた。だいたいこの当時の禅僧たちの修行に至る経歴は同じようなものです。最初は仏教学を徹底的に学んでいます。でも、いくら学んでも学んでも肝心なところがわからない。自分の心が「これでいい」というものが得られない。そういう焦燥感に駆られながら何年も何年も道を求めていって、ついに「お前の心が仏だ」ということに気がつき、「そうだったのか」という喜びになる。これは問答の仕組みの基本型ですが、臨済禅師が悟りを開く前の様子もそのようであったのです。

「是れ娘生下《じょうしょうげ》にして便ち会《え》するにあらず、還って是れ体究練磨《たいきゅうれんま》して、一朝に自ら省《しょう》す」

母親のお腹から生まれ落ちたそのままで、自ずと会得されていたものではない。身をもって探求して鍛錬して、ある日ハタと気づいたものなのだ。

これは先ほどお話ししたことの付け足しになりますが、己の心がそのまま仏であるのだからそのままでいい、ありのままでいいのだと考えて何の努力もせずにただそのままでいるというのではいけない、ということをはっきりと言っているのです。赤ん坊のようにそのままでいいのかと言えばそうではない、と。

馬祖禅師の説いた「あなたの心がそのまま仏だ」というのは「何の努力もせずにそのままでいればいい」というのではありません。そう受け取ったら間違ってしまいます。自らの心が仏であるということは、自分で身をもって探求して、暗闇の中を何年ももがき苦しみ、腸《はらわた》が煮えくり返るような焦燥感に駆られて、苦労の体験をした末にハタと気がつくものなのだ、と言っているのです。

●臨済が悟りに至るまでの道筋①――黄檗の棒

さて、いよいよ臨済禅師が悟りを開くに至ったところを学んでいきます。

今回の最初に申し上げたように、古い型の『臨済録』はここから始まります。つまり、臨済が黄檗禅師のところで修行をしていたところから始まるのです。北宋の時代になって随分改編されて、最初に説法があって本人の履歴や経歴は後付けになりましたが、本来はここから読んでいったほうが理解しやすいと思います。

今でもいろいろな本を見ますと、中心となる本文があって、巻末にその人の略歴や年譜、経歴、履歴を記すようなものが多いのですが、修行する上においては、その人がどういう経歴をたどったのかを学ぶことは非常に大事です。修行とは人間形成の教えですから、その人がどういう苦悩を経て、どういう目覚めをしていったのかを学ぶことは大変に重要だと思います。以下の部分にはそうしたことが書かれています。

師（注：臨済）、初め黄檗の会下《えか》に在って、行業純一《ぎょうごうじゅんいつ》なり。首座《しゅそ》乃ち歎じて曰く、是れ後生《こうせい》なりと雖も、衆と異なること有りと。遂に問う、上座此《ここ》に在ること多少《いくばく》時ぞ。師云く、三年。首座云く、曾《か》つて参問するや。師云く、曾つて参問せず。知らず、箇《こ》の什麼《なに》をか問わん。首座云く、汝何ぞ去《ゆ》いて、堂頭《どうちょう》和尚（注：黄檗）に、如何なるか是れ仏法的的《てきてき》の大意と問わざる。師便ち去いて問う。声未だ絶えざるに、黄檗便ち打つ。師下り来たる。首座云く、問話作麼生《もんなそもさん》。師云く、某甲《それがし》、問声《もんしょう》未だ絶えざるに、和尚便ち打つ。某甲会せず。首座云く、但《た》だ更に去いて問え。師又去いて問う。黄檗又打つ。是《かく》の如く三度問いを発して、三度打たる。師来たって首座に白《もう》して云く、幸いに慈悲を蒙って、某甲をして和尚に問訊《もんじん》せしむるも、三度問を発して三度打たる。自ら恨む、障縁《しょうえん》あって深旨《じんし》を領せざることを。今且《しばら》く辞し去らん。首座云く、汝若し去らん時は、須らく和尚に辞し去るべし。師、礼拝して退く。首座先に和尚の処に到って云く、問話底《もんなてい》の後生、甚だ是れ如法《にょほう》なり。若し来たって辞せん時は、方便して

他《かれ》を接せよ。向後《こうご》、穿鑿《せんさく》して一株の大樹と成らば、天下の人の与《ため》に陰涼《いんりょう》と作《な》り去らん。師去いて辞す。黄檗云く、別処に往き去ることを得ざれ。汝は高安灘頭《こうあんだんとう》の大愚《たいぐ》の処に向って去《ゆ》け、必ず汝が為に説かん。

臨済は黄檗希運《きうん》禅師のところに修行に行きます。それ以前の経歴は先に申し上げた如くわかりませんが、『臨済録』本文中にある言葉から類推すると、仏教の学問をひたすら綿密に研究をして、いろいろなところに行って自分の納得いくもの、心に安らぎの得られるものを必死になって求めていたけれども、なお得られないという様子だったようです。

臨済禅師と比べるのは畏れ多いのですが、その気持ちは私にも多少はわかります。私は中学高校の時分からよく鈴木大拙先生の本を読んでいました。日本語で書かれている本ですから読めば意味はわかるのですが、その核心となるものが何かわからない。その周りをぐるぐる回り続けているような焦燥感をずっと感じていました。この中心、核となるものが何かを実際に自分が体験して明らかにしたいと思って、私は大学時代にお坊さんになり、今日に至るのです。レベルは違いますけれども、臨済禅師も同じような経験をしていかれたのだろうと思います。

臨済は仏教学を一所懸命学びながら、これでいいんだというものがなかなか得られなかった。そういう状態で黄檗のところに行って修行をしていたのです。黄檗は馬祖の孫弟子にあたる方です。大勢の修行僧が黄檗禅師のもとに集まってきて修行をしていました。「群鶏一鶴《ぐんけいのいっかく》」というのでしょうか、その中にあって臨済は一際抜きん出ていました。どこが抜きん出ていたかというと「行業純一《ぎょうごうじゅんいつ》」であったと。身も心も純粋に一途に打ち込むという点で抜きん出ていたのです。この言葉は、修行する上において私どもも非常に大事にしています。

目覚め、悟りに到るためには、何も努力をせず、ただボヤっと暮らしていれば棚からボタモチが落ちるが如く目覚め、悟るということにはなりません。臨済も学ぶべきものは学び尽くして、その上でなおも納得ができずに、身も心も純粋に修行に一途に打ち込んでいたのです。それこそ周りの人が声も掛けられないというぐらいに打ち込んでいたのでしょう。

この「行業」というのは、身・口（言葉）・意の三業を指します。余談ですけれども、ここ数年で「三密」という言葉が定着しました。この言葉を聞いたとき、私は非常に喜びました。三密は仏教の言葉で、体と言葉と心でもって仏様と一つになることを意味するからです。ところが、どうもよく聞いてみると、巷間《こうかん》言われている三密は仏教の三密とは全く関係がなくて、「密閉・密集・密接」を避けなければならないという（コロナ感染予防策の）意味であると。それがわかったときはがっかりしたものです。

仏教で言う三密とは身・口（言葉）・意を用いた修行のことです。仏教の修行の道具となるのは、この三つしかないのです。体とは姿勢を正す、あるいは手を合わすということ。真言宗などでは手で様々な印を組みます。口とはお経を唱える、あるいは陀羅尼《だらに》という呪文を唱えること。そして心で仏様のことを思う。この体と口と心の三つを使って仏様と密接・密着し一枚になっていく。これが本来の三密という修行です。

臨済が純粋に一途であったというのもそういうことです。まず体については姿勢をきちんと調える。使う言葉も人を傷つけるような粗雑な言葉は使わない。我々であれば、無駄口を叩く暇があれば仏教の経典や仏様のお名前や真言を唱えましょう、とよく言います。そして心では常に純粋に仏様のことを思っている。この三つによって仏様と一つになっていくというのが「純一」ということです。修行においては、混じり気なく純一であることが大事なのです。

臨済はそのように全く隙のない状態で純粋に修行をしていたために、七百人も八百人もいた修行僧のトップである首座《しゅそ》の目に留まりました。首座は臨済についてこう言いました。

「是れ後生《こうせい》なりと雖も、衆と異なること有り」

この者はまだ若いけれども皆に比べて修行ぶりが際立っているな。

そして臨済に問いました。

「上座、此《こ》に在ること多少《いくばく》時ぞ」

あなたはここへ来てどれぐらいになるのか、と。

臨済が「もう三年になります」と答えると、首座は聞きました。

「曾《か》つて参問するや」

三年の間に黄檗禅師のところに仏法について問答に行ったのか。

お話ししてきたように、禅の教えは、問答によって気がつく、問答によって気づかせることを大事にしています。だから「問答に行ったのか」と聞いたわけです。

「曾つて参問せず。知らず、箇《こ》の什麼《なに》をか問わん」

私はまだ問答には行っておりません。問答どころか何を聞いていいのか今の私にはわからないのです。

臨済はそう答えました。この「わからない」というのは、何も努力をしないままわからないというのではなくて、努力の限りを尽くしたけれどわからない、本を調べてわかるようなことは全部明らかにしたのだけれど、何を聞いていいかわからない、ということです。

首座は、「それならこう聞けばいい」と言いました。

「如何なるか是れ仏法的的《てきてき》の大意と問わざる」

仏法の根本義はどこにあるか、仏法とはいったい何を明らかにしているのか、それを聞きに行け。

この「的的」とは「明白な」「はっきりとした」という意味です。

首座からそう言われたものですから、臨済は黄檗禅師のお部屋まで行きます。これは今でも変わらず同じようなことをしています。私のいる部屋には、修行僧が交替で禅問答にやって来ます。ところが臨済禅師は三年間も黄檗禅師のお部屋に行かなかったというのです。首座から言われてようやく聞きに行ったわけです。

お師匠さんのお部屋まで行って「仏法の根本義とはどういうものでございましょうか」と臨済が聞こうとしました。

「声未だ絶えざるに、黄檗便ち打つ」

その質問の声も終わらないうちに黄檗禅師の棒が飛んできてパシーンと打たれて、臨済は部屋から追い出されてしまいました。これが問答の第一段です。

部屋から追い出されてしまったので、臨済はすごすごと帰ってきました。そこに首座がやって来て「行ってきたか、どうだった」と聞きました。臨済は答えました。

「**某甲《それがし》、問声《もんしょう》未だ絶えざるに、和尚便ち打つ。某甲会せず**」

いや、どうもこうもありません。私の質問が終わらないうちに棒で叩かれてしまいました。私にはなんのことやらわかりません。

それを聞いて首座は言いました。

「**但《た》だ更に去いて問え**」

もう一回行ってこい。

臨済は純粋なので、首座の言葉に随って、もう一回老師のお部屋に行きました。その当時もなんらかの作法はあったのだろうと思います。臨済は合掌をして、頭を下げて、礼拝をして、質問をします。ところが「仏法の明確なる根本義とはどのようなもので……」と言ったあたりで、またパシーンと棒が飛んできて追い出されてしまいました。

また帰ってきて「どうだった」と聞かれたので、「散々です。質問が終わらないうちにまた棒です」と答えると、「いや、二回じゃダメだ。三度目の正直という言葉があるからもう一回行って来い」と言われました。しかし、言われた通りに三回目も行くと、また同じように質問の途中で棒が飛んできて追い出されてしまいました。

三度行って三度打たれてしまったものですから、とうとう臨済禅師も音を上げてしまいました。帰って来て臨済は首座に言いました。

「幸いに慈悲を蒙って、某甲をして和尚に問訊《もんじん》せしむるも、三度問を発して三度打たる。自ら恨む、障縁《しょうえん》あって深旨《じんし》を領せざることを。今且《しばら》く辞し去らん」

幸いにお慈悲をいただいて質問に行ってこいと言われたので質問に行きましたけれども、三度質問して三度とも叩かれて追い出されてしまいました。どうも私は禅宗では悟れないのかもしれません。最早ここに長居しても仕方ありませんので、この道場をお暇《いとま》したいと思います。

臨済をそう言うのを聞いて、首座は言いました。

「汝若し去らん時は、須らく和尚に辞し去るべし」

そうか、これ以上引き止めてしょうがないな。しかし君、帰るときには黙って逃げ帰るのではなくて、ちゃんと老師のところに行ってお暇のご挨拶をしてから出ていきなさいよ。

実はこれは首座の策略でした。首座はすぐに黄檗のところに先回りして行って次のように耳打ちをしました。

「問話底《もんなてい》の後生、甚だ是れ如法《にょほう》なり。若し来たって辞せん時は、方便して他《かれ》を接せよ。

向後《こうご》、穿鑿《せんさく》して一株の大樹と成らば、天下の人の与《ため》に陰涼《いんりょう》と作《な》り去らん」

老師、先ほど質問に来ていたあの若造でございますけれども、あれは後生畏《おそ》るべし、若いけれども見どころがあります。あれぐらい純粋に混じり気なく修行している者は他にはいません。あれはきっとものになります。ですから老師、見捨てずに、どうか上手にあの若造を導いてやってくださいませ。そうすればきっと彼は大きな樹になって多くの人々に木陰をつくってあげることのできるような人になると思います。

首座はこのように黄檗に伝えたのです。

すると、それを伝え終わったあたりのところで意気消沈した臨済がすごすごと黄檗の部屋にやってきました。臨済は「私はとうていご老師様のところでは見込みがないようでございますので、これでお暇いたします。ありがとうございました」と挨拶をして出て行こうとします。そこで黄檗は一計を案じてこう言いました。

「別処に往き去ることを得ざれ。汝は高安灘頭《こうあんだんとう》の大愚《たいぐ》の処に向って去《ゆ》け、必ず汝が為に説かん」

どこに行こうとも構わないが、どうせ行くのであれば大愚和尚という私の知り合いがいる。あれはなかなかの人物であるから、他所に行かずにぜひ大愚和尚のところに行きなさい。そうすればきっと和尚はあなたのために何か教えを説いてくれるであろう。
そう言われると、純粋な臨済のこと、老師から言われた通り大愚和尚のところに行きました。次はそのときの問答です。

●臨済が悟りに至るまでの道筋②——臨済の気づき

師、大愚《たいぐ》に到る。大愚問う、什麼《いずれ》の処よりか来たる。師云く、黄檗の処より来たる。大愚云く、黄檗は何の言句《ごんく》か有りし。師云く、某甲は三度仏法的的《てきてき》の大意を問うて、三度打たる。知らず、某甲過《とが》有りや過無きや。大愚云く、黄檗与麼《よも》に老婆にして汝が為にし得て徹困《てっこん》なるに、更に這裏《しゃり》に来たって、過有るか過無きかと問うやと。師、言《ごん》下《か》に大悟して云く、元来黄檗の仏法多子《たし》無しと。大愚搊住《すうじゅう》して云く、這《こ》の尿牀《にょうしょう》の鬼《き》子《す》、適来《せきらい》は過有るか過無きかと道《い》い、如今《いま》は却って道う、黄檗の仏法多子《たし》無しと。你《なんじ》、箇《こ》の什麼《なん》の道理をか見たる。速かに道え、速かに道え。師、大愚の脅下《きょうか》に於いて、築《つ》くこと三拳す。大愚、托開《たくかい》して云く、汝は黄檗を師とす、我が事に干《あずか》るに非ず。

臨済が大愚和尚のところにやって来ました。

まず大愚和尚が臨済に「どこから来たのか。どこで修行してきた?」と聞きました。それに対して臨済は「私は黄檗禅師のところで修行をしてやって来ました」と答えました。これは先にも言ったように問答のパターンです。

大愚和尚にとって黄檗は修行時代の仲間で旧知の間柄だったようです。ですから、こんなふうに聴きました。

「黄檗は何の言句《ごんく》か有りし」

黄檗か、懐かしいなあ。あいつはこの頃どんな教え方をしているんだ。

臨済禅師は答えました。

「某甲は三度仏法的的《てきてき》の大意を問うて、三度打たる。知らず、某甲過《とが》有りや過無きや」

和尚様、教えなんてものじゃないですよ。私が仏法の根本はいったいどういうものでしょうかと質問しようとしたら、質問が終わらないうちに棒が飛んできて、三回行ったら三回とも叩かれました。いったい私に何の落ち度があったのでしょうか。私のどこが間違っていたから三度も叩かれなきゃならなかったのでしょうか。あの方はひどい和尚でございます。

臨済はそんな感じで言ったのではなかろうかと思います。

その話を聞いた大愚は言いました。

「黄檗与麼《よも》に老婆にして汝が為にし得て徹困《てっこん》なるに、更に這裏《しゃり》に来たって、過有るか過無きかと問うや」

黄檗はお前のためにそんなにも親切に、体がヘトヘトになるまで尽くしてくれたのに、お前はこんなところにまでやって来て、自分のどこが間違いだったのか、自分に落ち度が有ったのか無かったのかと聞いている。なんと情けないことか。

お婆さんがお孫さんを可愛がるような心を老婆心と言いますが、黄檗はそれくらい臨済のために尽くしてくれたのだと大愚は言ったのです。「黄檗は実に親切な和尚じゃないか。そんな親切だったのか」と大愚から言われた臨済は「言下に大悟」ハッと気がつきました。大愚から指摘されて、黄檗がどれだけ親切であったのかがわかったのです。そこで出た言葉がこれです。

「黄檗の仏法多子《たし》無し」

専門的なことになりますが、ここの訳は本によって異なっています。語学の研究が進んだ結果、新しい訳のほうが正しいとわかってきたためです。『臨済録』にはそうした箇所がいくつかありますが、そのいい例がここです。ちょっと比較して見てみましょう。

朝比奈宗源老師の『臨済録』（岩波文庫第九版、現在はタチバナ教養文庫）では、「なんだ！　黄檗の仏法なんてそんなたあいないものだったのか」と訳されています。

これに対して、現在岩波文庫に入っている入矢義高先生の『臨済録』では、「多子無し」とは「ダイレクト、直接的」という意味であるとして「黄檗の仏法は端的だったのだ」と訳されています。ここには「たあいない」というような価値判断は入っていません。

柳田聖山先生も入矢先生と同じ系統で、「なんだ、黄檗ともあろうに、仏法には何のわけもなかった」と訳されています。

このような訳の違いがあるのですが、ここは「たあいない」というような価値的な意味はなくて、「夾雑物《きょうざつぶつ》がない」「簡単、単純なこと」という意味で「なんだ、黄檗の仏法には何の余計なものもなかったのだ」と解釈するのがいいのではないかと私は思います。

この「多子」は「多事」ともいいます。「多くのこと」ではなく、「余計なこと」という意味です。ですから「多子無し」は「余計なことがない」「夾雑物がない」「実にダイレクトで、くだくだしき道理も意味づけもない」という意味になります。ここが重要なのです。つまり、黄檗は「あなたの心こそが仏である」という事実を棒で打つという最も端的な形で示してくれたのです。大愚に指摘されて、臨済にはそれがわかったわけです。

今までに見てきた禅問答はすべて同じような構造になっています。最初に大珠慧海の問答を紹介しました。大珠慧海は馬祖に「仏法とはどういうものですか」と聞いて、「あなた自身がすばらしい宝だ」と言われて気がつきました。次の無業和尚は「達磨様の教えというのはどういうものでしょうか」と聞いて、馬祖の言ったことがわからなかったけれども、「おい」と呼ばれて「はい」と振り返ったら、「それがそうだ」と言われてハッと気がつきました。臨済と黄檗の問答では、「仏法とはなんでしょうか」と問いかけている臨済自身が仏法なのだということを一番端的にダイレクトに気づかせる方法が黄檗の棒だったのです。

現代社会では、「仏法とはどういうものでございましょうか」と聞かれて、いきなり棒で叩いたら大変な騒ぎになるでしょう。週刊誌に書かれて謝罪会見をして、あるいは訴えられても仕方がないと思います。しかし、棒で叩くということは、「仏法はお前自身ではないか、それに気がつかずに何を聞いているのか」ということを一番端的に示す方法だったのです。火の神が火を求めてきたときに、「あなたが火なのだから、他に求める必要はないでしょう」と気づかせたのと同じです。

大事なのは、「仏法の一番明確な教えは、今お前がそこに生きていることだ、今お前がそうやって質問していることだ、そうしているお前自身がすばらしい仏法の現れなのだ」と気づかせるということなのです。

最初、臨済はそれがわからなかったものですから、「何も悪いことをしていないのに、なんでこんなに棒で打たれなくてはならないのか」「なんでこんな目に遭わなければならないのか」「なんとひどい和尚じゃないか」と泣き言ばかり口にしていました。ところが、大愚和尚がそのわけを説明してくれたのです。「なんと黄檗は親切だなあ。そんなにお前に親切にしてくれたのか」と。

徹底的に学問研究をしたけれどわかっていない臨済に対してさらに言葉で示したならば、臨済はもっと迷ってしまいます。「お前、今度発見された新しい経典には仏法についてこういうことが書いてあるぞ」と言えば、臨済は喜んで飛びついたかもしれませんが、それは迷いに迷いを重ねる、苦しみに苦しみを重ねていくことにしかなりません。言葉はもう十分過ぎるぐらい学んでいるのです。

必要なのは言葉ではなかったのです。「お前が一番明らかにしなければならないのは、自分自身が仏であるということだ。そこにいいかげんに気がついたらどうだ。朝起きてここにやって来て質問をしているお前自身がすばらしい仏ではないか」ということを。一番直接的に、くだくだしい道理も意味づけもせず、夾雑物なしに示してくれたのが棒だったのです。それに臨済は気がついたのです。「なんだ、黄檗和尚はそんな親切に教えてくれたのであったのか」と。

これは大珠慧海の問答にあった「即今我に問う者、是れ汝が宝蔵」というのと一緒です。今私に質問していた者が宝なのだと。今「仏法的的の大意」を質問したその者がすばらしい仏なのだと黄檗の棒が教えてくれていた。これが臨済の目覚めです。

そう気がついた臨済は言いました。

「元来黄檗の仏法多子《たし》無し」

なんと実によけいなもののない直接のご教示だったのか、と。

それを聞いた大愚和尚は「本当にこいつはしょうがないな」と思ったのか、臨済の襟首をぐっと掴《つか》んで言いました。

「這《こ》の尿牀《にょうしょう》の鬼子《きす》、適来《せきらい》は過有るか過無きかと道《い》い、如今《いま》は却って道う、黄檗の仏法多子無しと。你《なんじ》、箇《こ》の什麼《なん》の道理をか見たる。速かに道え、速かに道え」

この小便たれめ、今自分のどこに落ち度があったのでしょうかなんて言っておきながら、今度は「黄檗の仏法多子無し」などと言うのは、いったいお前は何がわかったというのか。言ってみろ、言ってみろ。

言ってみろと言われても、臨済は襟首を掴まれていますから何も言えません。そこで身動きの取れる範囲で胸倉を掴んでいる大愚和尚の脇腹をコツンコツンコツンと拳《こぶし》で三度突きました。それによって「私が今こうして生きているこの様子こそが仏としての全体の現れであるということがはっきりわかりました」ということを示したのです。それで大愚和尚は、おお、こいつは本当にわかったのだなと見て、「お前の師匠は黄檗だ。私のところにいる者ではない」と言って黄檗のところに帰すのです。

●臨済が悟りに至るまでの道筋③――臨済、黄檗を一喝する

臨済は大愚和尚のところから再び黄檗のところに戻ってきました。今度はそのときの問答を見ていきましょう。

師、大愚を辞して、黄檗に却回《きゃうい》す。黄檗、来たるを見て便ち問う、這《こ》の漢来来去去して、什麼《なん》の了期《りょうご》か有らん。師云く、祇《た》だ老婆心切《ろうばしんせつ》なるが為なり。便ち人事《じんじ》し了っ

て侍立す。黄檗問う、什麼の処にか去り来る。師云く、昨慈旨を奉じて、大愚に参じ去り来らしむ。黄檗云く、大愚何の言句か有りし。師遂に前話《ぜんな》を挙《こ》す。黄檗云く、作麼生か這《こ》の漢を得来たって、痛く一頓《いっとん》を与えんと待《ほっ》す。師云く、什麼《なん》の待《ほっ》すとか説き来たらん、即今便ち喫せよ、といって、後《しりえ》に随って便ち掌《しょう》す。黄檗云く、這の風顛漢《ふうてんかん》、却って這裏に来たって虎鬚《こしゅ》を捋《ひ》く。師便ち喝す。黄檗云く、侍者、這の風顛漢を引いて参堂し去らしめよ。

臨済は大愚和尚のところを辞して黄檗のもとに帰ってきました。黄檗はさすがにまだ臨済のことを覚えていて、「お前はうろうろ歩き回っていったい何をしているんだ」と言いました。臨済は「黄檗禅師、あなたの老婆心のお陰で私は気がつくことができました」と挨拶して、傍に立ちました。

黄檗が「どこへ行ってきたのか」と聞きました。臨済が「はい、老師に言われた通り、大愚和尚のところに行ってまいりました」と答えると、黄檗は「そうか。大愚は元気だったか。大愚はいったいお前にどんなお説法をしたのか」と聞きました。臨済は丁寧に事の顛末を答えました。すると黄檗はこう言いました。「あいつはそんなことをやったのか。今度会ったときには、一つあいつにも棒を食らわしてやらなきゃいけないな」と。それを聞いた臨済禅師は、「何も大愚和尚が来るのを待つ必要はございません。今すぐ棒をお受けなさい」と言って、黄檗禅師の横っ面を手でピシャーンとひっぱたきました。

ここは実に痛快なところです。ここでは、この活きた私の働きそのものが仏であるということがはっきりしているのです。臨済はここで「私はもう何ものにもとらわれない、何ものにも妨げられることのない自由を得たんですよ」ということを、黄檗の横っ面を思い切りピシャーンとひっぱたくことによって示したのです。

これが禅の世界というものです。禅の問答では遠慮会釈はいりません。相手が師匠であろうと丁々発止です。横っ面を張られた師匠も喜ぶのです。

私がよく喩えるのは相撲の稽古です。大相撲の親方が弟子に稽古をつけると、最初、弟子は投げ飛ばされてばかりいます。でも、だんだん弟子が力をつけてきて、ある瞬間に親方が投げられるときが来ます。そのときに親方は怒るでしょうか。きっと嬉しいに違いありません。あいつもこんな力を得たか、と思うでしょう。それと同じことだとよくお話しします。

黄檗も「ああ、こいつもこれぐらいの力を得たか」と喜んで、「この気違いめ、ここに来て虎の鬚《ひげ》を引っ張るようなことをしよるな。うっかりすると噛みつかれるぞ」

と言いました。すると臨済は黄檗に向かって、「かぁーっ」と一喝しました。いわゆる活潑潑地、「こんなにいきいきと私は働いております」ということを体全身で示したのが、この「喝」です。それを見た黄檗禅師は、傍にいた者に「こいつを禅堂の中に連れていけ」と命じました。非常に喜んだのであろうと思います。

臨済は最初、黄檗のところに三度質問に行って三度とも叩かれました。次に大愚のところに行くと「なんだ、黄檗はそんなに親切なのか」と言われて、黄檗の仏法は何もよけいなものはなかったのだと気がつく。そして大愚和尚の脇腹をついて、また黄檗のところに帰ってきて、今度は逆に黄檗の横っ面を張り倒して一喝をしたのです。

これだけ聞けば、いったい何をやっているのかさっぱりわからないかもしれません。しかし、そこに一貫しているのは「この生きた私の働きそのものが仏法である」ということです。そして、それが働いているということにどのようにして目覚めたのかがありありと現れているのが問答というものなのです。

ですから、これは今日問題になるような「棒で叩くのは乱暴ではないか」というような見方とは全く違うのです。そのことを明らかにするために、『臨済録』に出てくる言葉を一つご紹介したいと思います。

我れ二十年黄檗先師の処に在って、三度仏法的的《てきてき》の大意を問うて、三度他《かれ》の杖を賜うことを蒙むる。蒿枝《こうし》の払著《ほつじゃく》するが如くに相似たり。

「私は二十年前、黄檗先師のところで三度仏法の核心を問うて、三度先師の拄杖《しゅじょう》を頂戴したのだが、あれはよもぎの枝で軽く払われたようであった」と。

この「よもぎの枝で軽く払われたようであった」という表現もいろんな解釈があります。私が一番なるほどなと思うのは柳田聖山先生の解釈で、「猫をじゃらすようにかわいがること」、つまり老婆心であると。中国の道教の習慣で、よもぎの枝で子どもの頭を撫でて成長を祝う儀式があるそうです。

ですから、黄檗禅師のところで棒で打たれたというのは決してひどいことではなくて、あたかも親が子どもの成長を祝ってよもぎの枝で頭を撫でてくれたような懐かしい思いがすると言っているわけです。「あの黄檗禅師の親切な働きのお陰で、この心のままで、この体の働きのままで、十分すばらしい仏の働きなのだということに納得がいった。あのとき三回棒で叩かれたのは、まるでお父さんやお母さんが我が子の成長を祝ってよもぎの枝で頭を撫でてくれたような、そんな懐かしい思いがするなあ」と、臨済は二十年経って言っているのです。この言葉は、いきいきとしたすばらしい問答であったのだなということがしみじみと伝わってきます。

そういうふうに見ますと、「黄檗与麼《よも》に老婆にして汝が為にし得て徹困《てっこん》なる」という大愚和尚の言葉がよく理解されるのではないかと思うのです。

以上が臨済禅師の開悟の様子です。問答とは、ただわけのわからないやり取りではなくて、明確に意図があることがおわかりいただけたでしょうか。「あなた自身のその心こそが仏である」ということをいかに直接的に示すか。「おい」と呼んで「はい」と答えた瞬間に「これ」と気がつくか、あるいは黄檗のようにダイレクトに「これだぁ」と言って棒で示すか。これはいずれも意図することは同じなのです。棒で打つというのは、痛めつけてやろうとか根性を入れてやろうというようなことではありません。いかにも親切そのものの棒なのだということが一連の問答からわかるのです。すばらしい目覚めだと思います。

●「ありのままでいい」ことを履き違えてはいけない

さて、ここで開悟の後の働きを少し見ていきたいと思います。悟る前の臨済は「行業純一」であったと言いました。体も言葉づかいも心も、いつも純粋でひたむきで全く混じり気がありませんでした。それこそ姿勢を崩すこともなかったろうと思います。ところが、大悟に至ったあと、その姿勢はガラリと変わりました。それを示す二つの問答をご紹介しましょう。

師、一日、僧堂前に在って坐す。黄檗の来たるを見て、便ち目を閉却《へいきゃく》す。黄檗乃ち怖るる勢を作《な》して、便ち方丈に帰る。

師、堂中に在って睡る。黄檗下《くだ》り来たって見て、拄杖を以って版頭《はんとう》を打つこと一下《いちげ》す。師、頭《こうべ》を挙げて、是れ黄檗なることを見て、却って睡る。黄檗、又版頭を打つこと一下し、却上間《のちじょうかん》に往いて、首座の坐禅するを見て、乃ち云く、下間《げかん》の後生、却って坐禅す、汝這裏に妄想《もうぞう》して什麼《なに》か作《せ》ん。首座云く、這の老漢、什麼をか作《な》す。黄檗、版頭を打つこと一下して、便ち出で去る。

あるときに臨済が坐禅堂の中で坐禅をしていました。私たちが坐禅をするときは目を開いて坐ります。その理由の一つは、長時間坐るので目を閉じると眠ってしまったり、妄想といっていろいろな考えごとをしてしまったりするからです。それで必ず目を開いて目の前のものが見える状態で坐禅します。ところが臨済は、黄檗禅師が来るのを見て、あたかも寝ているふりをするが如くに目を閉じました。普通であれば、黄檗禅師が来たのだから起きようとするところですが、逆に来たのを見て目を閉じてしまったというのです。黄檗禅師は、それを見て驚いたようにして、居間にひきあげたのでした。

二番目の問答では、臨済が禅堂の中で居眠りをしているところに黄檗禅師がやってきます。黄檗は臨済が眠っているのを見て起こそうと思い、板を杖でコツンと叩きました。「おい、起きろ起きろ」と叩かれて臨済は目を覚ましますが、目の前にいるのが黄檗禅師だと気がつくとまた眠ってしまいました。さらに黄檗禅師は、首座が坐禅をしているのを見て怒って、居眠りしている臨済禅師のことは全く怒らないのです。

この二つの問答は何を意図しているのでしょうか。開悟をしたあとで臨済が堕落をしたということではありません。むしろ、これが馬祖禅を体得したことの現れなのです。馬祖禅というのは、自分の心がそのまま仏であり、自分の心身の自然の働きはすべて仏性の現れにほかならないのだから、人為的努力はいらないというものでした。

我々レベルだと、偉い禅師様が来るときちんと坐っているところを見せようとします。しかし、馬祖に言わせれば、それは造作であり人為的な努力なのです。それではむしろ仏から隔たってしまう。ありのままでいるのがいいのです。自分のありのままをさらけ出しているその姿というのが、全部仏の働きなのです。だから眠っているときは眠っているその自然の働きが仏性の現れにほかならないというわけです。

ところが、それなら寝ていいんだなと考えると、これはまた違うのです。そのへんが難しいところです。ありのままでいいという馬祖禅の立場と、それではいけないという反対の立場との絶えざる相克が禅の歴史であると言いましたが、ここにはまさしくその立場の違いが反映されています。

しかし、ここに至って本当の意味での自由なのです。何ものにも束縛されず、自然な形の働きが自由自在に働いているからです。それが臨済の禅の働きのすばらしいところです。

小川隆先生は、『禅思想史講義』の中で馬祖の禅について、

「己が心、それこそが『仏』なのだ、その事実に気づいてみれば、いたるところ『仏』でないものはない」と説かれています。

日常の営みが仏性の生きた働きなのです。歩いていても、ご飯を食べていても、あるいは眠っていても、それが仏性の働きなのです。これは私も非常に大事なところだと思っています。

「自己の心が仏であるから、活き身の自己の感覚・動作はすべてそのまま仏作仏行にほかならず、したがって、ことさら聖なる価値を求める修行などはやめて、ただ『平常』『無事』でいるのがよい」（同書）

と説かれています。

そのありのままの是認というのが馬祖禅の本質、基本精神であると言えます。

「道というものは努めて修めるものではない。汚してはならぬ、ただそれだけだ」（『禅思想史講義』）と馬祖は説いています。

この「汚す」とは、あえて取り繕おうとすることを嫌うということです。二つの問答の臨済の姿は、ここに集約されるのです。禅師が来たからきちんとしようというのは取り繕うことにほかならないというわけです。

「もしずばりと道そのものを会得したいなら、ふだんのあたりまえの心――『平常心』――それがそのまま道なのである」（同書）、これも馬祖の言葉です。

この「ふだんのあたりまえの心」というのも押さえておいてほしいところです。前回積み重ねの話をしました。臨済は最初、戒律を徹底的に勉強して、仏教の学問も学んで、誰が見ても純粋に混じり気がないほどの修行を積み重ねました。その上に、「ありのままでいい」というところに達したのです。

積み重ねの上に咲いた花だけを切り取ったのでは、大きな間違いを犯すことになります。「ありのままでいい」というと、人に危害を加えてもいいのか、嘘を言ってもいいのかと思う人がいるかもしれませんが、そういう問題ではありません。「ありのままでいい」というのは、基礎を積み上げた上に咲いた花なのです。

むやみに生き物を殺してはいけない、人を傷つけてはいけない、人を傷つける言葉は使ってはいけない、人のものは盗んではいけない。それは当然の話です。正しい姿勢、正しい行い、正しい言葉づかい、そういうものがすっかり身についた上での「ありのままでいい」ということです。孔子が晩年に「心の欲する所に従って矩《のり》を踰《こ》えず」と言いましたが、こうした姿勢はむしろそちらのほうに近いのではないかと思います。

スヌーピーを見て、「いつもごろごろしてばかりしている」「全く仕事をしない」と思うのは、犬であることが仕事なのだということをわかっていません。「ごろごろしているのがありのままなのだ」と見るのは、ありのままの履き違えです。そういう履き違えが出てきたから、馬祖以降には「ありのままではいけない」という教えが強くなってくるという傾向があったのです。

●なぜ臨済は山の中に松の木を植えたのか

臨済が悟ったあとの働きとして注目したい話があります。それは「深山に松を栽える」という話です。これを今回の最後にご紹介したいと思います。

先にも言ったように、ありのままに気がつくと決してそのままではおられず、むしろ何かをしたくなるのです。「この命を生かして働いていこう」と思うようになります。その具体的な行動の一つとして「深山に松を栽《う》える」という話が出てきます。

師、松を栽《う》うる次で、黄檗問う、深山裏に許多《そこばく》を栽えて什麼《なに》か作《せ》ん。師云く、一には、山門の与《ため》に境致と作し、二には、後人の与に標榜と作《な》さん、と道《い》い了《おわ》って、钁頭《かくとう》を将《も》って地を打つこと三下《さんげ》す。黄檗云く、是《かく》の如くなりと雖然《いえど》も、子《なんじ》已に吾が三十棒を喫し了れり。師、又钁頭を以って地を打つこと三下、嘘嘘《きょきょ》の声を作す。黄檗云く、吾が宗、汝に至って大いに世に興らん。

臨済が修行時代に松を植えていました。お師匠さんの黄檗は「こんな深い山の中にわざわざ松を栽えてどうするのか」と質問をしました。それに対して臨済は「一つは山門のための景色になるでしょう。二つには後の人たちの道しるべになるでしょう」と答えました。そう言い終わって、臨済は鍬《くわ》で地面を三回叩きました。

黄檗は「そうは言っても、お前は既に私から三十棒叩かれたようなものだ」と言いました。そう言われた臨済はさらに鍬で地面を三回打って、「嘘嘘《きょきょ》の声を作す」と言いました。これは喉の奥から細く鋭く発する声で、相手に対して不満や制止を示す擬態語であるとされます。相手の対応を認めない仕草です。ですから、「老師、何を言うのですか。私はこうして松を栽えます」と言ったわけです。

この松は何を意味しているのでしょうか。深い山中に松を栽えるということには非常に大きな意味があります。『論語』に「子曰わく、歳寒くして、然る後に松柏の彫《しぼ》むに後《おく》るることを知る」という言葉があります。冬寒くなってくると、松や柏が凋まないことがわかる、と。

この柏とは柏餅の葉っぱとなる柏の木ではなくて、真柏《しんぱく》とか柏槙《びゃくしん》と呼ばれるものです。円覚寺の本堂の前にあるのも御開山がお手植えをしたと言われる柏槙です。柏槙は常緑樹です。松も常緑樹です。冬になっていろんな木が紅葉して葉が落ちたとしても、変わらずに色を保ち続けるのが松や柏槙です。そこに松と柏槙を禅寺に植える理由があります。円覚寺の御開山仏光国師も中国から見えて、最初に松と柏槙を植えています。これは、どんな時代を経ても変わることのないものを示そうとしていると古来より言われています。

しかも、誰も来ない山の中に植えて、その緑を保ち続けていく。そういうものを残していきたいというのが臨済の教えでしょう。

今回の最初にお話ししたことを覚えておられるでしょうか。臨済が黄檗のところにやって来て、まだ何もわかっていなかった頃、修行僧の頭である首座が臨済を見て黄檗に「こいつはものになります。きっと将来大樹となって世間の人に木陰をつくることのできる存在になるでしょう」と言いました。その意味するところは『涅槃経《ねはん》』にある次の言葉によってよく理解できます。

「**仏樹陰涼《ふつじゅいんりょう》の中に住する者は煩悩諸毒悉《ことごと》く消滅することを得る**」

仏様の樹の涼しい下にいると煩悩はことごとく消滅する、というのです。インドという国は非常に暑い灼熱の国ですから、大きな樹の木陰は涼しくて、暑い苦しみの中にいる人たちに安らぎを与えることができるのでしょう。この「深山に松を栽える」という臨済の教えは、将来、人々に安らぎを与えるような教えになっていくことを表していると言ってもいいでしょう。

繰り返しますが、ありのままでいいということに本当に気がついた人は、そのことを誰かに伝えていきたくなるのです。そして、悩み苦しんでいる人に安らぎを与えていきたいというように、必ずその心が動いていくものなのです。

●一本の木の姿から何を学ぶか

コロナ禍の現在は別として、私どもの円覚寺では、例年、四月五月はいろんな会社の新入社員研修が行われます。一泊あるいは二泊して坐禅をするのですが、非常にありがたいことだなと思っています。名前の知れた大企業からもやってまいります。別段、仏教や宗教に関係のない有名企業からもやってまいります。最近ではＩＴ関係の企業もおいでになります。坐禅をしたところで直接業績にかかわりがあるというようなことはないと思いますけれども、若いときにこういう体験をするのは非常にいいことだと思います。

そういう人たちに私がよくするのが木の話です。「そこの一本の木を見てください。大地に根を張って、じーっとそこに辛抱強く腰骨を立てるように幹を真っ直ぐ伸ばして、枝をいっぱい広げて立っている。あの一本の木の姿から学ぶものは多くあるでしょう」というお話をさせていただきます。

坂村真民先生の「一本の道を」という詩があります。

木や草と人間と
どこがちがうだろうか
みんな同じなのだ
いっしょうけんめいに
生きようとしているのを見ると
ときにはかれらが
人間よりも偉いとさえ思われる
かれらは時がくれば
花を咲かせ
実をみのらせ

自分を完成させる
それにくらべて人間は
何一つしないで終わるものもいる
木に学べ
草に習えと
わたしは自分に言い聞かせ
今日も一本の道を行く

（『坂村真民全詩集第二巻』坂村真民・著／大東出版社）

この頃は、町中の大木は枝が危ないとか葉っぱが落ちて道路が汚れるという理由でどんどん切られてしまいます。でも、山中の大木は切られません。それが旅人に木陰を与えることもあるのです。

同時に、大木から私たちが学ぶものは、根の大切さです。木には目に見えない世界と目に見える世界とがあります。土の上に大木が伸びて枝を張っている姿は目に見える世界です。根が地面の下に這っているのは目に見えない世界です。桜の花を見に多くの人が訪れますし、秋の紅葉も多くの人たちが見に来ます。でも、根を見る人というのはまずいません。
もう一つ、坂村真民先生の「大木」という詩をご紹介しましょう。

大木たちが
わたしに教えてくれた
一番忘れられない話は
根の大事さということであった
目に見えない世界と
目に見える世界とがある
美しい葉や
美しい花や
美しい実は
見える世界であるが
それらをそうさせる
一番大切なのは
大地に深く根を張り

夜となく昼となく
その木を養っている
幾千幾万の
根の働きということであった
わたしは大木の下に坐して
そうした話に聞き入り
元気をとりもどしては
また歩き出して行った
目をつぶると
それらの木々たちが
いまもわたしに話しかけてくる

（『坂村真民全詩集第二巻』坂村真民・著／大東出版社）

この坂村真民先生の二つの詩は、毎年のように新入社員の方々にお話しします。大木の下にじーっと坐る。坐る時間がなかったならば大木に触れるだけでもいい。そんな大木の姿から学ぶものがあるのだ、と。

臨済禅師はそういう大木、冬になっても色の変わることのない松や柏槙の木を植えて私たちに何かを伝えようとしてくださったのです。このままでいいとわかった臨済禅師はこのままではいられなくなって、私たちに何かを伝えようとしたくなったのです。その結果、臨済宗のお寺には今でも松の木や柏槙、真柏の木が植えられているのです。

●一番の根底に自分の存在を認めてくれるものを持つ

私という存在は、このままで仏の命、仏の働きとして生まれているのです。私がこの世に生まれたということ自体が仏の働きそのものです。人間は一番の根底にそういう自己肯定、自分を支えてくれるもの、自分の存在をそのまま認めてくれるものを持つことが大事です。

武者小路実篤先生のこういう詩があります。

一番深いところからくる
純粋な喜びを感じつつ

毎日の仕事を
悠々とやっていきたい
まず自分のすることをして
今日も無事に有益に
一日を過ごせたことを
心ひそかに
喜びたいと思う

こうして坐っているだけで、こうして呼吸をしているだけで、こうして生まれて生きているだけで、仏の命をいただいて生きているのだという有り難さや嬉しい喜びを感じて、その土台の上に毎日の仕事を、自分のなすべきことを、一つひとつやっていき、その一日を喜んでいくのです。

たとえその一日で人に否定をされるような目に遭ったとしても、自分は仏の命を生きているのであるという自己肯定に支えられていれば、自分の値打ちは全く下がるものではありません。もっとすばらしい価値あるものが仏の命として与えられているのだという自己肯定が根底にあれば、どんな苦労も乗り越えていけるのでないでしょうか。そういうふうにして、私は臨済禅師の教えを受け止めているところなのです。

第三講

真の自己とは——無位の真人

●一つの答えを導くために、なぜたくさんの問答が必要なのか

いくつか質問をいただいていますので、それにお答えいたします。禅問答についてですが、「一つのことを追求するために多くの問答があるのはなぜでしょうか。禅問答の中でも深みに入っていく段階のようなものがあるのでしょうか」というご質問がありました。おっしゃる通り、問答は一つのことを明らかにするわけですから、一つで済むはずです。実際に、一つの問答（問題）ですべてが片付いたという人も、禅の文献を見ると結構いらっしゃいます。

しかし、道理そのものは一刀両断に理解できるのですが、人間には様々な思い込みというものがあります。特に現代社会となればなおのこと、情報や知識の量は中国の唐の時代の人たちと比べれば段違いでしょう。我々は随分多くのことを学んで知っている分、心に染みついている汚れも簡単には取れないのです。外科手術のようにスパっと断ち切れる一面もありますけれども、実際はいろんなシミがたくさん付いているため容易に断ち切ることもできないのです。クリーニングの専門家は、あらゆる種類のシミを落とすために、それぞれのシミに対して有効な様々な薬品を用います。そ

れと似ていて、心のシミを取るのも一遍ですべて片付くというわけにはいかないというのが現状です。

そのため、いろんな問答があるのですが、大きく分けると問答には二段階があります。第一段階は悟りを開く、あるいは何か特別な体験するということです。これは時として自分が特別な体験をしたという新たな思い込みをつくっていきます。「自分はこんな体験をした。これがわからないやつはダメだ。他のやつにも体験をさせなくてはいけない」となってくると、これは別の意味での自我を増長させてしまいます。そのため、体得したもの、わかったというものをも捨てさせるために、別の問答が必要になってくるわけです。

さらに執着のあり方も様々ですから、それに応えていく必要もあります。また、心の問題が片付いたとしても、その後の応用がきかなければいけません。それをいかに言葉で表現できるか、日常の働きの中でどのようにそれを示すことができるか、というようなことを明らかにするための様々な問答があります。

今体験をしたことは現代語ではどういう言葉で表現できるか。中国の漢詩文を使えばどういう表現になるのか。日本の和歌や俳句ではどういう表現になるのかと、体験したことを伝えるために様々な言葉による表現を磨くことを目的とした問答というものもあります。

そうした問答を積み重ねるのですが、それがまた「自分はこんなにやってきた」という傲《おご》りになって、相手を見下して「俺はこんなに偉い。あいつはわかっていない」というような自我意識を増長させてしまいます。そこで、増えてきた自我意識を消すために、また問答をやるわけです。このように問答はその時々において行われるものです。この修行の過程で行われていた様々な問答を体系化したのが、江戸時代の白隠禅師という方です。

そういうわけで人間というのは自分で思う以上に執着が深いのです。いろんなものを持ちすぎ、知りすぎてしまって、なかなか一刀両断するのが難しい。そのために、様々な問答があるというわけなのです。

●高い壇の上に上って行う説法を「上堂」という

それでは、本日のテーマに入ってまいりましょう。前回は臨済禅師が悟りを開くまでにどのような体験をしたのかについて学びました。今回は『臨済録』の中にある「上堂《じょうどう》」というところを学びたいと思います。

もう一度、今までのおさらいをしておきますと、第一回では『臨済録』に到るまでの話で、達磨様の教えや馬祖道一の教えについて触れました。「心の働き全体がそのまま仏である」というお話をしました。スヌーピーの話だけでも覚えていただいていれば嬉しく思います。

しかし、臨済禅師は最初、「心が仏である」ことがわかりませんでした。そのため、真っ暗闇の中で苦労に苦労を重ねてようやく目覚めたというのが前回の話でした。それを受けて今回は、臨済禅師がいったい何に目覚めたのかというお話をしていきます。

ちなみに次回は、正しい見解とはどういうものか、いきいき働く「活潑潑地」とはどういうことなのかというお話をします。そして最後の回では『臨済録』をいかに実践していくかというところを見ていきます。

『臨済録』の全体から私たちが学ぶべきなのは、本当の自己のすばらしさに目覚めることです。その上で、どんなところでも主体性を保ち、いきいきと生きていくためにどうするかを学ぶのです。そのために今日は、臨済の教えの一番の核心である自己のすばらしさに目覚めること、すなわち「無位《むい》の真人《しんにん》」という話をしていきたいと思います。

最初に中国の地形の話をします。臨済禅師は中国大陸の中でもかなり北のほう、現在の河北省にある臨済院に住んでお説法をされました。出生地は現在の山東省から河南省の境に近いところです。修行をした黄檗山とか大愚山は南のほうの、現在の江西省にあります。

あの広大な中国の大陸を北から南へと臨済がどういう経歴で旅をしたのかは全くわかりません。確かなことは、二本の足でてくてくと歩き、野を越え、川を越え、山を越え、修行の旅をしたことです。まず南のほうで修行して、それから北へ向かったのです。

南から北へ行ったのは、おそらく唐の武宗という皇帝による仏教大弾圧があったことが大きな影響を及ぼしていると考えられます。なるべく中央政府から離れた、仏教弾圧の影響の少ないところにあるお寺でお説法をしたのではないかと想像されます。

今回は、その臨済院というお寺で行ったお説法を読んでいきます。このお寺は元の時代に修復されたものと思われます。そこには今でも臨済塔という立派な大きな塔が建っています。これは臨済禅師が亡くなったときから続いているものではありません。近年修復されて、きれいになっています（百五十頁参照）。

今から四年前（二〇一六年）、日本からお坊さんたちが百何十人も臨済院に行きました。団長は京都・南禅寺の管長さんで、僭越《せんえつ》ながら私が副団長となって、臨済禅師がお亡くなりになって千百五十年という記念の大法要に行ったのです。この場所で臨済禅師はお説法をなさっていたのです。

今日はそのお説法の中から「上堂」というところを学びます。「上堂」と言っても、どんなものかイメージがわかないと思いますが、広いお堂の真ん中に高い台があるのです。その高い台の上に上ってお説法をするから、お堂に上がると書いて「上堂」といいます。みんなは階段の下の広間でお説法を聞くわけです。

ただし臨済禅師の時代には、今ほどの大きな高い壇の上ではなかったと思います。おそらく下から手を伸ばせば老師に触れることができるぐらいの高さだったでしょう。少しだけ聴衆より高い壇を設けて、その上に上ってお説法をしたのだと推測されます。

この「上堂」という言葉は、そのまま「説法」という意味に使われます。「上堂して云く」とか「上堂、云く」とあれば、少し高い段に上ってお説法をされたのだと思ってください。そういう姿を想像してもらうとよろしいかと思います。

●回首・応諾・近前来・叉手・竪起払子・喝・棒・掌――禅問答のいろいろ

駒澤大学の小川隆先生は、禅の特徴として次の四つを挙げられています。

臨済禅師 1150 年大遠諱 日中合同法要（河北宗・臨済寺。2017 年 9 月）

上堂での説法

臨済塔

① 「己れの心が仏である」という活きた事実を、
② 生き身の自己と目前の現実に即しつつ、
③ 問答を通じて修行者自身に自ら悟らせる宗教。
④ しかし、その「悟り」は、やがて忘れ去られねばならない。

一番目の「己れの心が仏である」というのは、馬祖禅師の悟りの中核です。大事なのは、「仏になる」のではなくて「仏である」というところです。そういう「活きた事実」を「生き身の自己と目前の現実に即しつつ」、そして相手と「問答を通じて修行者自身に自ら悟らせる」のです。他の仏教の宗派の場合は、経典による言葉によって伝えていくことが多いのですが、禅の場合は問答を通じて伝えていくわけです。

前回、問答のからくりというような話を少ししたと思います。「おい」と呼ばれて「はい」と振り返る。「それだーっ！」というふうに、生きた自分の体とそのときの目前の現実に即して相手と問答をする。それによって気づかせていくというのが禅の問答の特徴です。

しかし、四番目に「その『悟り』は、やがて忘れ去られねばならない」とあります。

これが禅の目指している道理なのです。

この「活き身の自己と目前の現実」に即して、「自分の心こそが仏である」ということをどのようにして示すか。心は目に見えません。見えるとすれば、私たちの活きた活動です。生身の体を通じて働く様子でしか伝えることができません。ですから、それによって「自分の心こそ仏である」と直指《じきし》するのです。

問答によって気づかせるにはいろんな手段があります。

まず「回首」。これは今言ったように、「おい」と呼んで相手が振り返る。振り返ったときに「それだ」と示すやり方です。

次に「応諾」。「誰々さん」と名前を呼ばれると、人間は思わず「はい」と返事をします。その「はい」と返事をしたときに「それだ」と示すのが「応諾」です。

また「近前来」というのもあります。「おい、ちょっとこっち来い。もうちょっとこっち来い」と言われると、人間は自然と近寄ろうとします。その近寄ろうとしているときに「それだ」と示すのです。

それから「叉手《しゃしゅ》」というやり方があります。「叉」という字は、手を胸の前に合わせている形です。中国の礼の作法の一つです。この叉手している働きに仏が現れていると示すのです。

あるいは「竪起払子《じゅきほっす》」。払子というのは、棒の先に毛が付いていて、お葬式などのときにお坊さんが振っています。払子はインド発祥で、元来蚊やハエが飛んできたときに追い払うために、棒の先に動物の毛を付けているのです。元々は虫を払い除けるための道具だったようです。禅宗ではパッと払子を立てるのですが、この働きに仏が現れていると見ます。

そして臨済禅師の大きな特徴の一つになったのが「喝」です。「かあーっ」と。昔からお葬式のときに「喝」と一喝を下しています。別に亡くなった方を叱っているわけではありません。「かあーっ」という一喝するところに、仏法の真理、仏の働きが現れているのです。ですからこれは実は最高のお説法です。

その次に「棒」です。これはちょっと乱暴で、今の時代にはふさわしくないだろうと思いますが、前回、「多子無し」というところでお話ししたように、傷めつけることが目的ではありません。「これだ、あなた自身だよ」ということを、直接的に棒で示しているのです。

もう一つ、「掌」というのがあります。手で横っ面を叩くことですが、これも今はやりません。これもまた端的に仏とはあなたそのものですよと示しているのです。

これらのやり方によって、「自分の心こそが仏である」ということを直指する。それが問答の一番の大事なところです。

●臨済の説法はどのように行われたのか

では、『臨済録』の「上堂」を読んでいきましょう。全部読んでいると時間が足らないので、「無位の真人」が出てくるまでのところを読んでみます。「上堂」というのがどういうものなのか、臨済の説法はどういうふうに行われていったのかというものを一緒に学んでいきたいと思います。

一、府主王常侍《ふしゅおうじょうじ》、諸官と師を請《しょう》じて陞座《しんぞ》せしむ。師、上堂、云《いわ》く、山僧今日《さんぞうこんにち》、事《じ》已《や》むことを獲《え》ず、曲《ま》げて人情に順《したが》って、方《まさ》に此の座に登る。若《も》し祖宗門下に約《やく》して大事を称揚《しょうよう》せば、直《じき》に是《こ》れ口を開き得ず、你《なんじ》が足を措《お》く処無《ところな》けん。山僧、此の日、常侍の堅く請ずるを以って、那《なん》ぞ綱宗《こうじゅう》を隠さん。還《は》た作家《さっけ》の戦将の直下《じきげ》に陣を展《の》べ旗を開くもの有りや、衆《しゅ》に対して証拠《しょうこ》し看よ。僧問う、如何《いか》なるか是れ仏法の大意。師便ち喝《かっ》す。僧礼拝《らいはい》す。師云く、這箇《しゃこ》の師僧、却《かえ》って持論《じろん》するに堪《た》えたり。

問う、師は誰《た》が家《や》の曲をか唱え、宗風阿誰《たれ》にか嗣《つ》ぐ。師云く、我れ黄檗《おうばく》の処に在って、三度《たび》問いを発して三度打たる。僧擬議《ぎぎ》す。師便ち喝して、後《しりえ》に随って打って云く、虚空裏《こくうり》に向って釘橛《ていけつ》し去るべからず。

まず『臨済録』上堂の一です。階段を上っていった臨済禅師が台の上で坐禅を組みます。

はじめに「府主王常侍《ふしゅおうじょうじ》」という人物が出てまいります。「府主」というのは役職で、地方の軍閥に与えられる肩書です。「王常侍」は鎮州という場所の節度使、つまり長官です。節度使は今の県知事より大きな力を持っていたようです。鎮州は今の中国では石家荘と言っています。私も石家荘まで新幹線のような高速鉄道に乗って行きました。ここは中央政府から遠く離れていて、昔は半ば独立をしていたような趣もあったそうです。

その人が諸々の役人たちと一緒に臨済禅師をお招きして、「陞座《しんぞ》せしむ」上堂してもらった。つまり、お説法してもらいました。そこで臨済禅師はお説法の座に上られて、次のように言われました。

「**山僧今日《さんぞうこんにち》、事已《じや》むことを獲《え》ず、曲《ま》げて人情に順《したが》って、方《まさ》に此の座に登る**」

最初の「山僧」は、自分のことをへりくだって言う表現です。「山に暮らしている田舎者のお坊さん」と謙遜しているのです。これは臨済禅師が自分のことを「山僧」と言っているからいいのであって、我々が臨済禅師のことを「山僧」と呼んだら大変なことになります。あくまで、自分で自分をへりくだって言うときに使う言葉です。

次の「事已むことを獲ず」は、そのまま「やむを得ず」という意味です。やむなき事情のために断り切れずに、ということ。「曲げて人情に順って」という表現は、今でも「お忙しい折とは存じますが、どうぞ曲げてお願いいたします」というように使ったりするでしょう。「曲げて順う」とは「自分の信念を曲げてまで力のある者に順う」というのではなくて、「世間の一般的な礼儀に順う」ということです。つまり、「こういうお説法の場に招かれましたので、世間の礼儀に順ってこの座に上ってお話をさせていただきます」と言っているわけです。この場合の「人情」とは「世間のならい」であり、それに順って説法をすることになったというのです。

「若《も》し祖宗門下に約《やく》して大事を称揚《しょうよう》せば、直《じき》に是《こ》れ口を開き得ず、你《なんじ》が足を措《お》く処《ところ》無《な》けん」

この「祖宗」は「禅宗の伝統」を指しています。「約して」は「原則に則れば」ということですから、ここは「禅宗の伝統に則れば」となります。「直に是れ口を開き得ず」は、「何も語ることはない」「語ろうとしても語ることはできない」ということ。「汝が足を措く処無けん」とありますが、「足を措く処無し」は『論語』の一節で、「刑罰が正しく行われていなければ民は安心してそこにいることはできないであろう」というところから「あなた方は居場所さえない」ということです。

しかし、今日は王常侍が私をお招きくださったので、「那《なん》ぞ綱宗《こうじゅう》を隠さん」、こうしてお説法をするのです、と。「綱宗」は「大事な教え」ですから、ここは「どうして大事な教えを隠すということをしようか、隠しはしない」という反語表現になっています。

「還《は》た作家《さっけ》の戦将の直下《じきげ》に陣を展《の》べ旗を開くもの有りや、衆《しゅ》に対して証拠《しょうこ》し看よ」

ここに「作家」という言葉が出ています。今でも「作家」という言葉は使われていますが、自分で考えた独自のものを表現する人を作家と言います。人が言ったことを批判、批評するのは評論家です。作家の言葉はオリジナルでなければいけません。禅僧でも、私のように『臨済録』とか『十牛図』とか、昔からあるテキストを使ってもっともらしく話をしている者は作家とは言いません。禅においても、自分独自の表現で伝えることができる人を作家と言います。

ただし、禅の場合は「さっか」とは読まず、「さっけ」と読みます。「家をおさめる」というのが元来の意味のようですが、そこから「やり手」というような意味に使われるようになりました。

この「作家の戦将の直下に陣を展べ旗を開くもの有りや」は、「ここに堂々と私の前に出て一戦を望んで来るような者はいないか」というような意味になります。

臨済がそう言うと、

「**僧問う、如何《いか》なるか是れ仏法の大意。師便ち喝す**」

一人の勇気あるお坊さんが出てきて、「僧問う、如何なるか是れ仏法の大意」、仏法とはいかなるものでございますか、と聞きました。すると臨済は一喝しました。

この問いは、以前に臨済がお師匠さんの黄檗にしたものと同じです。そのとき黄檗は自分の心こそが仏であるということを最も端的な形で示すために、臨済を棒で叩きました。それに対して、ここでは臨済は全身の気力と迫力で「かあーっ！」とやって示しました。心が丸ごと働いている様子を「これだぁー！」と、百パーセント現したのです。自分の心こそが仏である。その心はこの体を通して、あらゆる動作に現れている。今であれば「かあーっ」がそうだ、と。

「**僧礼拝《らいはい》す**」

僧は「有り難いお示しをいただきました」と礼拝しました。それを見た臨済は、

「這箇《しゃこ》の師僧、却《かえ》って持論《じろん》するに堪《た》えたり」と言いました。「師僧」という言葉は、元来、「師とすべき僧」という意味でした。しかしながら、後になると僧の尊称として用いられるようになりました。

ここでは臨済禅師が問答を挑んできた相手のお坊さんのことをさして「師僧」と言っています。「あなたはなかなか話のできるお坊さんだ。私の相手になるだけの力がある」と言ったのです。

このお坊さんはさらに質問しました。

「問う、師は誰《た》が家《や》の曲をか唱え、宗風阿誰《たれ》にか嗣《つ》ぐ」、あなたは誰からその教えを受け継がれたのでありましょうか、と聞いたのです。すると臨済は言いました。

「我れ黄檗《おうばく》の処に在って、三度《たび》問いを発して三度打たる」、私は黄檗禅師のところで三回質問して三回打たれたのだ、と。

すると

「僧擬議《ぎぎ》す」と。これは「何か言おうとした」という意味です。今までは「ためらった」と訳されていましたが、「何か言おうとした」というほうが適切でしょう。

「師、便ち喝して、後《しりえ》に随って打って」

僧が何か言おうとしたとたん、臨済禅師は「かあーっ」と示し、さらに「後《しりえ》に随って打って」僧にピシャーンと一棒を食らわしました。そして最後にこう言いました。
「**虚空裏《こくうり》に向って釘橛《ていけつ》し去るべからず**」
これは「空に杭《くい》を打ち込むようなことをするなよ」と言ったのです。空に杭を打っても打ち込めません。ですから、「無駄なことはするな、よけいなことはするな」という意味になります。

これが説法の第一段の終わりです。

●当時の仏教学者たちから見れば異端であった禅の教え

お説法はさらに続きます。引き続き、見ていくことにしましょう。

座主《ざす》有り、問う、三乗十二分教《さんじょうじゅうにぶんきょう》は、豈《あ》に是れ仏性を明かすにあらざらんや。師云く、荒草《こうそう》曾《か》つて鋤《す》かず。主云く、仏豈に人を賺《すか》さんや。師云く、仏什麼《いずれ》の処にか在る。主無語《むご》。師云く、常侍の前に対して、老僧を瞞《まん》ぜんと擬《ほっ》す。速退《しっつい》、速退。他の別人の請問《しんもん》を妨《さまた》ぐ。復《ま》た云く、此の日の法筵《ほうえん》、一大事の為《ため》の故なり。更に問話《もんな》の者有りや。

速《すみや》かに問を致《いた》し来《きた》れ。你纔《わず》かに口を開かば、早《すで》に勿交渉《もっきょうしょう》。何を以ってか此《かく》の如くなる。見ずや、釈尊云《のたま》わく、法は文字を離る、因にも属《ぞく》せず縁にも在《あ》らざるが故なりと。你が信不及《しんふぎゅう》なるが為に、所以《ゆえ》に今日葛藤《かっとう》す。恐らくは常侍と諸官員とを滞《たい》して、他《か》の仏性を昧《くら》まさん。如《し》かず、且《しばら》く退かんには。

最初の問答を見てみましょう。

「座主《ざす》有り、問う、三乗十二分教《さんじょうじゅうにぶんぎょう》は、豈《あ》に是れ仏性を明かすにあらざらんや。師云く、荒草曾《こうそうか》つて鋤《す》かず」

座主が質問をした。「すべての経典は、仏性を明らかにするために書かれたのではありませんか？」臨済禅師は言った。「私は田んぼの草を刈り取ろうとしたことなど一度もない（煩悩を刈り取ろうなんて、そんなケチなことは考えたことがない）」

なかなか難しい問答です。「座主《ざす》」は今でも使いますが、お坊さんの長を指します。私は「管長」という役目で呼ばれることが多いのですが、宗派によっては「禅師」と呼ばれたり、「貫主」と呼ばれたり、いろんな呼称があります。その中で、比叡山の管長様、天台宗の管長様は、今でも「天台座主」と呼ばれます。天台座主は日本の仏教界の最高峰にあって、私たちもおいそれとは近寄れない方です。

しかし、ここでの座主はそういう特別な存在ではありません。禅宗は実践を主にする集まりですが、経典を学んで解釈をする「教家」という人たちがいました。今風の言葉で言えば仏教学者でしょうか。今では仏教学者というとお坊さんよりも大学の先生のほうが多いと思いますけれども、こういう学問を主にしている人を「座主」と言ったのです。

臨済禅師がお説法をするというので、仏教学を研究している人たちもたくさん聞きに来ていたのでしょう。その一人が質問をしたのです。

「三乗十二分教《さんじょうじゅうにぶんぎょう》は、豈《あ》に是れ仏性を明かすにあらざらんや」

第一回の講義のときに達磨大師の話をしました。そこで禅は「不立文字」文字を立てず、「教外別伝」経典の外に別に伝えていくということをお話ししました。前回の黄檗と臨済の問答を思い起こしてください。臨済が「仏法とはなんですか」という質問が終わらないうちに、黄檗禅師から棒で打たれました。それも三回質問して三回とも。しかし、臨済はそこでは悟れずに、黄檗禅師のもとを辞して大愚和尚のところに行って「こんなひどい目に遭いました」と言いました。すると大愚は「ああ黄檗はそんなに親切であったか。あなたのためにそこまでやってくれたか」と。そこで臨済はハッと気がつきます。これがまさしく「教外別伝」です。

禅というのは、何か特別な秘伝の経典のようなものがあって、その解釈を授けるというものではありません。仏の心が生身の体を通して働いている。その全体丸ごとが仏であるということに気づかせる。これが禅の「直指人心」直に人の心をさして、仏になるということです。

仏教学を一所懸命研究している人たちの立場、あるいは当時の仏教の正統なところから見れば、禅は極めて異色な宗教だったと思います。異端、アウトサイダーと言ってもいいと私は思います。だからこそ、野性味のあるいきいきとした禅僧たちが出てきたのです。そこに禅の魅力があるのです。

その人たちは仏教弾圧にも強かったのです。なにしろ自己の心と働きが仏であるというのですから、建物を壊されても仏像を壊されても痛手には感じないわけです。仏教弾圧のときには経典も燃やされましたが、経典を拠りどころとしていないため、全く動じませんでした。「大事な巻物を守っていく」という教えがあれば、燃やされたら一大事ですけれど、禅は「この身一つあればいい」のですから、経典が燃えてなくなっても平気なのです。

仏教弾圧のとき、ある禅宗のお坊さんは船乗りになったといいます。舟の渡し場の船頭として働いているその活きた働きの様子が仏法そのものであるというわけです。随分便利なことを考えたと思いますが、そういう教えですから危機に強いのです。

ここに「三乗十二分教《さんじょうじゅうにぶんぎょう》」というものが出てきます。「三乗」とは「声聞《しょうもん》、縁覚《えんがく》、菩薩《ぼさつ》」のことです。これを三つの乗り物に見立てて三乗と言います。まず「声聞」とは、お釈迦様の教えを聞いて直接悟ること。「縁覚」は、十二因縁という因縁を感じて悟ること。最後の「菩薩」とは、菩薩道を実践して悟ることです。それから「十二分教」は、仏教のあらゆる経典を十二に分類したものです。その中身を一つひとつ説明してもあまり意味はありません。「三乗十二分教」でもって「あらゆる経典」と理解すればいいでしょう。

禅は経典を重んじず、経典以外に大事なものがあるとします。ですから、臨済禅師も経典は薬の効能書きのようなもの、処方箋のようなものだと言っています。薬は別にあるということです。そういう立場ですから真面目に仏教学を勉強しているお坊さんたちには受け入れ難かったのです。

そこで「三乗十二分教《さんじょうじゅうにぶんぎょう》は、豈《あ》に是れ仏性を明かすにあらざらんや」と質問をしました。「あらゆる経典は仏の心を明らかにするために説かれたものではありませんか」と聞いたのです。この質問を見ると、臨済禅師あるいは当時の禅宗がどういう見方をされていたのかがわかるような気がします。「あなた方は経典を軽んじているようですが、それでいいのですか。経典を学んで仏性というものを明らかにしていくのではないですか。真面目に研究をしているのですか」と批判されているわけです。

確かに『臨済録』を読むと、いろんな経典の言葉を書き写して後生大事に抱えているようではなんにもならないぞと言っています。私もこの『臨済録』を大事にして講義して暮らしているので、臨済禅師がおられたら「お前はなんということをしているのだ！」と怒られると思います。禅とはそういう教えなのです。

●煩悩もひっくるめた心と体の働きすべて丸ごとが仏の現れ

座主の質問に対して、臨済禅師は言いました。

「荒草《こうそう》曾《かつ》て鋤《す》かず」

この「荒草」とは草がぼうぼうに生い茂っている様子で、煩悩に喩えられます。経典によれば、人は皆それぞれ仏性を具《そな》えているのですが、煩悩の雲に覆われていて発揮できていない、あるいは草が生い茂ってしまって仏の心が現れない。本来の仏性が現れるようにするためには、雲を晴らし、雑草を刈り取ってきれいにしなければならない。そのために、戒律によって生活を整え、坐禅や瞑想のような心を集中させる修行によって煩悩を取り除いていく。これが元来の仏教の教えでした。

しかし禅では、煩悩というものもすべて仏の心の現れと見ます。馬祖道一禅師がそう言ったのです。だから禅では煩悩を否定しません。煩悩の雲というけれど、その雲も大自然の一つの働きだと考えます。経典の教えとは違う見方です。だから批判されたわけです。下手をすると「何をやってもいいんだ」という教えになりかねませんし、実際そういう振る舞いをする人もいたのだろうと思います。

馬祖禅師の教えによれば、空には雲がわいてくるけれども、それも大宇宙の気象の働きの一つなのだから取り除く必要はないのだと。その教えを誤って理解して、煩悩のままでいいんだというふうに脱線してしまう者もいたのでしょう。

大らかと言えば大らか、人間肯定といえば、これ以上の人間肯定はありません。自己をそのまま認めていくという立場が馬祖から臨済へと受け継がれた教えなのです。

そこでこの「荒草曾つて鋤かず」ですが、これは解釈が分かれる言葉です。漢文には主語が省略されていることがよくあります。本来ならば、主語があって動詞があって目的語があるのですが、主語がないことが多いのです。ここも「荒草」は目的語、「鋤く」が動詞で、主語がありません。目的語を頭に持ってきているのです。

わかりやすく言うと、「あなたはご飯を食べましたか?」「はい、私はご飯を食べました」と言わずに、目的語である「ご飯」を前に持ってきて、「ご飯食べた?」「うん、食べたよ」というような感じでです。

ただ、ご飯であれば「あなたは」という主語が隠れていることが明らかなのですが、「荒草曾つて鋤かず」の場合は主語が明らかではありません。一つには「三乗十二分教」を主語と見る解釈が古くからありました。この解釈では、質問者である仏教を研究しているお坊さんに対して、臨済が「あなた、そんな経典を勉強しても心の中にある煩悩や荒れた草を刈り取るようなことはできませんよ。それをするためには、ちゃんと修行しなければだめですよ」といった意味になります。

たとえば、朝比奈宗源老師の『臨済録』では「お前なぞそんなふうでは実地の修行は少しも出来てはいないな」と訳しています。つまり、臨済が座主に対して「経典を勉強するというような方法では、迷いの草を刈り取るようなことはできないぞ」と言ったのだ、と。

入矢義高先生も「そのような道具では無明《むみょう》の荒草は鋤き返されはせぬ」と、経典を主語に解釈しています。「あなたは一所懸命経典を勉強しているらしいが、そんなお経をいくら勉強しても煩悩を刈り取ることはできないぞ」と言っているわけです。

これでも別段問題はないと思いますが、岩波文庫『臨済録』の解説では、入矢先生が「主語を私（臨済その人）と取ると、趣旨は忽《たちま》ち一変して、『私は無明《むみょう》の煩悩を除いたことはない』という意になり」と指摘されています。これは馬祖禅の立場です。

先に言った、「空に浮かんだ雲を払い除ける必要はない。それもこの大自然の現れの一つだ」という見方です。禅は煩悩を否定する教えではなく、むしろそれを肯定していきます。これは大乗仏教の究極です。「私はそんな煩悩を取り除こうなんていう小さなことはしない。それらを全部ひっくるめて自己の働きはそのまま仏なんだ」という教えです。

私もよく、こういう教えをもとに、寺に坐禅に見えた一般の方が「なかなか煩悩が取れません」「雑念、妄想が取れません」と言われると、「さようでございますか。でもですね、おそれながら、あなたから煩悩と雑念を取り除いたらたぶん何も残らないと思いますよ」というように言うことがあります。嫌味に聞こえるかもしれませんが、これは嫌味ではなくて、煩悩も妄想も全部なくなったらそれでいいのですか、ということなのです。そういうものが人間の生きる活力にもなっているからです。

馬祖禅とは、そういう教えです。煩悩があるのなら、それを無理に取ろうとせず、ありのままに認めて、良い方向に使うようにしていけばいい。いきいきと生きるエネルギーとして使っていけばいいのだと考えるのです。この「荒草曾つて鋤かず」は、そういう高い立場を示しているというふうに見ることもできます。

しかし入矢先生は「質問者の問題意識が初めから低次元である以上、それに対応する臨済の答えは、右のような（筆者注：煩悩も認めているという馬祖禅の立場、臨済禅の立場）高次のものであっては相手に通じない」（『臨済録』）と書かれています。それゆえ、「そのような道具では無明の荒草は鋤き返されはせぬ」と訳したというのです。あくまで仏教を勉強している座主に対して、「あなたたちのように仏教学の経典をいくら勉強していても煩悩の草は取れませんよ」と言っているとしたほうがいいのではないかという解釈です。

これに対して小川隆先生は次のように言われています。

「この一句は、相手の問いの低調に応じた低次の答えであるよりは、『やはり、留保も制約もなく、その信ずべき一点を断固として非妥協的に言い切ったもの』として『わしは雑草を鋤いたことなどない（煩悩を除いて仏性を明かすという経論の説は、所詮、第一義ではありえない）』」（『書物誕生―新しい古典入門　『臨済録』―禅の語録のことばと思想』小川隆・著／岩波書店）と訳すべきではないか、と。

僭越ながら私もずっと勉強を続けてきて、この小川先生の説をとりたいと思うのです。というのは、先に目的語が頭に来ていると言いましたが、これは意味を強めていることだからです。「ご飯食べた」とか「ご飯なんか食べていない」と言うのと同じで、「私はそんな雑草なんか鋤いたことはない」つまり「俺はそんないちいちケチな煩悩や妄想を除くようなことはしないぞ。それらを全部ひっくるめて仏なんだ」と言っているのではないかと思うのです。

我々は様々な立場でものを見ますが、それによって何かを取り除こうというようなことは考えない。なんであれ全部丸ごと認めて、これが仏の世界なんだ、と。それが臨済の教えですから、ここは「自分は煩悩なんか取り除いたことはないぞ。それらを全部ひっくるめたこの己の心と体の働きのすべて丸ごと仏の現れなんだ」という気持ちであったと見ておきたいと思います。

●仏は今どこにいるのか！

続きを読んでいきましょう。

「主云く、仏豈に人を賺《すか》さんや。師云く、仏什麼《いずれ》の処にか在る。主無語《むご》」

座主はさらに聞いた。「仏は私たちを騙したりなさるものでしょうか」。臨済禅師は言った。「その仏は今どこにいるのか！」。座主は黙ってしまった。

臨済は座主に、その仏はどこにいるのかを表してほしかったのです。しかし座主にはそこまでの働きはできず、黙ってしまいました。もしこれが臨済であれば、それこそその場で「かあーっ」とやったり、相手の横っ面をピシャーッと張って、「仏はここだーっ！」と、仏が己の体の上にありありと現れていることを示したでしょう。

しかし、座主は仏教学の研究者ですから、「仏はどこにいるんだ」と言われても示すことができず、黙ってしまったのです。

禅の教えでは、仏はもうここにいて働いているのです。後は、これをどう示すかというだけの問題です。

「師云く、常侍の前に対して、老僧を瞞《まん》ぜんと擬《ほっ》す。速退《しっつい》、速退。他の別人の請問《しんもん》を妨《さまた》ぐ。復《ま》た云く、此の日の法筵《ほうえん》、一大事の為《ため》の故なり。更に問話《もんな》の者有りや。速《すみや》かに問を致《いた》し来《きた》れ。你纔《わず》かに口を開かば、早《すで》に勿交渉《もっきょうしょう》。何を以ってか此《かく》の如くなる。

見ずや、釈尊云《のたまわ》く、法は文字を離る、因にも属《ぞく》せず縁にも在《あ》らざるが故なりと。你が信不及《しんふぎゅう》なるが為に、所以《ゆえ》に今日葛藤《かっとう》す。恐らくは常侍と諸官員とを滞《たい》して、他《か》の仏性を味《くら》まさん。如《し》かず、且《しばら》く退かんには」

しかし、座主が黙ってしまったので、臨済禅師は「常侍の面前でわたしに恥をかかせるつもりか！　さあ、そこをどきなされ！　他の者の質問の邪魔ですぞ！」と座主に言いました。それから、さらにまた言いました。

「今日の法筵（説法）は一大事因縁（一番大事なこと）を示すためのものである。質問する者がまだいるか？　いたら早く問うがよい。だが、口を開けたとたん、もうすれ違ってしまう。何ゆえか？　知っての通り、釈尊は『真理は文字言語では表されない。因縁によってつくられたものではないからだ』と言われた。

諸君がこの釈尊の言葉を信じ切れないために、今日もよけいな穿鑿《せんさく》をするのだ。こんなことでは、王常侍どのと官僚がたに、みずからの仏性を見失わせる仕儀となるだけだ。諸君はまずひとまず引き下がったほうがよかろう」と。

仏の心は何かの条件が整って現れ出たものではないということを示して、臨済禅師はこのお説法を終わったのです。

●こだわりがなければ、自由にどんな立場にでもなれる

もう一つ、別の問答を見てみましょう。これは大変面白い問答です。

二、師、因《ちな》みに一日河府《かふ》に到る。府主王常侍、師を請《しょう》じて陞座《しんぞ》せしむ。時に麻谷《まよく》出でて問う、大悲千手眼《だいひせんじゅげん》、那箇《いずれ》か是れ正眼《しょうげん》。師云く、大悲千手眼、那箇か是れ正眼、速かに道《い》え、速かに道え。麻谷師を拽《ひ》いて座を下《くだ》らしめ、麻谷却って坐す。師近前して云く、不審《ふしん》。麻谷擬議す。師も亦《ま》た麻谷を拽いて座を下らしめ、師却って坐す。麻谷便ち出で去る。師便ち下座《げざ》す。

この「河府」という場所は中国の北のほうにあります。臨済禅師がその土地に行ったときに、麻谷というお坊さんが出てきて聞きました。麻谷というお坊さんは馬祖禅師のお弟子にもいますが、こちらはその跡《あと》を継いだ二世だと言われます。

麻谷がはこう聞きました。

「**大悲千手眼《だいひせんじゅげん》、那箇《いずれ》か是れ正眼《しょうげん》**」

「大悲千手眼」とは千手千眼の観音菩薩のことです。千本の手があり、それぞれの手に眼がついている菩薩です。その像をご覧になったことのある方もおられるかと思います。だいたい仏像では四十二本ぐらいの手で千本を表すのですけれど、奈良の唐招提寺にある千手観音像は千本あると言われています（実際には九百数十本らしいのですが）。麻谷は「千手観音様は千手千眼ですが、いったいどれが本当の眼ですか」と聞いたのです。

それに対して臨済禅師は言われました。

「**大悲千手眼、那箇か是れ正眼、速かに道**《い》**え、速かに道え**」

鸚鵡《おうむ》返しです。「どれが本当の眼ですか」と質問したら、「どれが本当の眼か、お前が言え、お前が言え」と言ったわけです。

すると麻谷が不思議な動きをしました。

「**麻谷師を拽**《ひ》**いて座を下**《くだ》**らしめ、麻谷却って坐す**」

お説法をしている臨済禅師の衣の袖か何かを引っ張って、座から降ろしたのです。そして、臨済禅師を下に坐らせて、代わりに自分が高い座に坐りました。

普通であれば、臨済禅師は怒るところです。しかし、臨済禅師は麻谷に近づいていって「**不審**《ふしん》」と言いました。この「不審」は不審者という意味でありません。挨拶の言葉で、「ご機嫌いかがですか」という意味です。

今まで臨済禅師はお説法をする主として坐っていました。ところが袖を引かれて座を降りて、今度は自分が下座に坐り、麻谷が上座に坐りました。すると怒るどころか下から「ご機嫌いかがですか」と言ったのです。

麻谷が何か言おうとすると、**「師も亦《ま》た麻谷を拽いて座を下らしめ、師却って坐す」**今度は臨済禅師が麻谷を座から引きずり降ろして、自分がそこに坐りました。そして、**「麻谷便ち出で去る」**麻谷が出ていき、**「師便ち下座《げざ》す」**臨済禅師も座を降りたというのが、この問答です。

これは面白いです。何をやっているのかという、謎のような話です。お説法をする立場の人がその座から降ろされ、それが交互に入れ替わっていく。教える者の立場が時には教わるほうの立場になり、教わるほうの立場がときには教えるほうの立場にもなれるというように、自由自在に働いていく。

実は、これはこの後に出てくる「無位の真人」の働きの一つなのです。先生と生徒、医者と患者、師匠と弟子などが、ときには逆の立場にもなることができるというわけです。これはあえて教わるほうの立場になるお師匠さんも偉いと思います。お医者さんでも、あえて患者の立場になってみる。そしてまた元の立場に戻るという働きです。

この「無位の真人」は、自分は教師とか医者といった教える側にあるという特定の肩書にとらわれて固まっているものではありません。「無位」とは自由にときには生徒にもなれるし、ときには患者にもなれるといった働きです。主と客もそうです。主の立場からときにはお客にもなれる。そして、お客になったかと思えばまた主になってお接待もできる。

「無位」というのは「位がない」ということですが、実はどんな位にもなることができるのです。なぜならば、こだわりがない、とらわれがないからです。この二人の問答は、そういう「無位」の働きを示してくれているのだろうと思います。

いかなる立場にもなって働くことができる。それを仏像では千手観音で表すのです。それが今日のテーマの「無位の真人」というふうにも表現されます。

●この身に地位・名誉・財産・学歴・男女などに汚れない「主人公」がいる

その「無位の真人」が出てくる三つ目の問答を見てみましょう。

三、上堂。云く、赤肉団上《しゃくにくだんじょう》に一無位《むい》の真人《しんにん》有って、常に汝等諸人の面門《めんもん》より出入す。

未だ証拠せざる者は看よ看よ。時に僧有り、出でて問う、如何なるか是れ無位の真人。師、禅牀《ぜんじょう》を下って把住《はじゅう》して云く、道《い》え道え。其の僧擬議す。師托開《たっかい》して、無位の真人是れ什麼《なん》の乾屎橛《かんしけつ》ぞ、と云って便ち方丈に帰る。

あるとき、臨済禅師が上堂して言われました。

「赤肉団上《しゃくにくだんじょう》に一無位《むい》の真人《しんにん》有って、常に汝等諸人の面門《めんもん》より出入す。未だ証拠せざる者は看よ看よ」

「赤肉団」とありますが、この「赤」は色ではありません。赤裸々という言葉がありますように、「真っ裸」という意味です。「肉団」は「肉の塊」ですから「生身の体」という意味。ですから、「赤肉団」とは「何も着けていない素っ裸のこの生身の体」を指しています。

そこに「一無位の真人有って」。「無位」ですから、地位とか位階といった価値の枠に収まらないものです。「真人」はもともと道教で用いられた言葉で、道を体得した者をこう呼びます。

道教と老子・荘子の教えと禅は非常に近いところがあります。違うところも当然ありますが、中国では道教の素地があったから仏教、禅が理解しやすかったのではないかと思います。

「真人」とは「本当の人」ですから、「仏」というのと同じです。ただ、仏と言ってしまうと我々の生身の体を離れたところにいて、私たちを救ってくださるような超越的なものをイメージしてしまいます。そうではなくて、仏とはあくまで我々のことで、心が仏であると本当に体得したものが仏なのだという気持ちで「真人」と言っているのです。

ここで思い出してほしいのは、第一回の講義のときに引用した相国寺の田中芳州老師の詩にあった「主人公」という言葉です。「この身に地位・名誉・財産・学歴・男女などに汚れない『主人公』がいる」という一節がありました。この「主人公」は何ものにも限定されないということでしょう。それを臨済禅師は「無位の真人」と言っているのです。仏というものをそういう言葉で表現したのです。

お経の中に仏様が出てきてしまうと、今申し上げたように、遠いところにいる存在だと思ってしまいます。でも、そうではなくて、この体になんの地位や名誉や財産や学歴などにも限定されることのない無位の真人がいるぞ、と臨済禅師は言っているのです。

しかも、その無位の真人は常にあなた方の「面門《めんもん》より出入す」と。「面門」は本来、顔面のことを言うそうですが、伝統的な仏教学では「口」を意味し、説法の喩えのように用いられます。それを臨済禅師は六道の神光というところから、「六根の働きをさす」としています。確かに顔面には眼《げん》・耳《に》・鼻《び》・舌《ぜつ》・身《しん》・意《い》（意識）の六根の働きがほとんど入っています。

その無位の真人は、眼で見て、耳で聞いて、鼻で匂いを嗅ぎ、口で喋り、舌で味わっています。そして、手で物を取り、足で歩いています。そのすべての働きが「無位の真人」だと言うのです。これは馬祖の教えをそのまま忠実に現していると言っていいでしょう。心とは、眼にあっては見る働きをし、耳にあっては聞き、鼻にあっては香りを嗅ぎ、口にあっては語り、足にあっては歩き走る。こういう一つの生命が心です。一つの心が六つの働きをしているのです。

ですから無位の真人とは何かと言えば、それは一心です。その心はどういうものかと言えば、我々の眼や耳や鼻や舌や手や足といった感覚器官を通して生きて働くものです。

それは馬祖禅師の教えです。己の心こそが仏なのであり、小川先生の言われるように「現実態の活き身の自己のはたらきは、すべてそのまま『仏』としての本来性の現れにほかならない」のです。この馬祖禅師の教えを臨済禅師は「赤肉団上に一無位の真人有り」この肉体の上にどんな地位や名誉や財産や学歴などにも汚れることのないものがある、と表現したのです。それは男だ女だと限定されることもありません。もうこの頃は男だ女だと簡単に分けられないようになっていますけれども、本来の自己はそういうものに限定されるものではないのです。

限定されないということは、逆に言えば、先の臨済と麻谷の問答にあったように、いかなる立場にもなって働いていくことができるのです。そこで「未だ証拠せざる者は看よ看よ」と。「まだこれを認めていない者は、さあとくと見よ見よ」と言ったわけです。

そこであるお坊さんが出てきて「如何なるか是れ無位の真人」と質問しました。すると臨済禅師は自分が坐っているところから降りていって、そのお坊さんの胸倉を掴まえて、「お前のほうからさあ言え！　さあ言え！」と迫ります。

このお坊さんは何か言おうとしました。ところが、臨済禅師はお坊さんを突き放して、「無位の真人是れ什麽《なん》の乾屎橛《かんしけつ》ぞ」、無位の真人がなんと干乾びた糞であることか、と言って自分の部屋に帰ってしまいました。

昔は紙がなかったものですから、トイレをすませた後にお尻を拭くのに木の棒を使いました。その棒のことを「乾屎橛」と言うのだという説がありました。しかし最近では、糞そのものを指すと考えるようになりました。特に他人の言葉を有り難がっているような者を「お前は何もわかってないぞ」と叱るときの喩えとして使います。

ここまで通して現代語に訳すと次のようになります。

師は上堂して言いました。

「諸君の裸一貫のその体には、なんの地位や財産や名誉や学歴や、男だ女だというようなことに限定されることのない本当の人がいるのだ。それがあなたの眼の働き、耳の働き、鼻の働き、口で喋り、手で物を掴み、足で歩くといったあらゆる働きとして働いているのだ。まだ確認していない者は今こそ見届けよ」

するとあるお坊さんが出てきて「位階なき真人とは、何でありましょうか?」と聞きました。

師はただちに禅牀を降りて、その僧をひっ捕まえて、「言え! 言え!」と迫りました。

僧が何か言おうとするや、師は突き放して、「位階なき真人がこんな下らぬ糞棒か」と言うなり、方丈へ帰ってしまいました。

実に勢いがある問答です。迫力があります。

●自分が何者であるかをなぜ他人に聞いているのか

次に四番目の問答を見ていきましょう。

四、上堂。僧有り、出でて礼拝す。師便ち喝す。僧云く、老和尚、探頭《たんとう》すること莫《な》くんば好《よ》し。師云く、你什麼《いずれ》の処に落在《らくざい》すと道うや。僧便ち喝す。又、僧有り問う、如何なるか是れ仏法の大意。師便ち喝す。僧礼拝す。師云く、你好喝《こうかつ》と道うや。僧云く、草賊大敗《そうぞくたいはい》す。師云く、過《とが》は什麼《いずれ》の処にか在る。僧云く、再犯《さいぼん》容《ゆる》さず。師便ち喝す。

臨済禅師が上堂すると、何も言わないうちにある修行僧が出て礼拝しました。すかさず臨済は「かあーっ」と。これも叱ったわけではありません。この心全体が仏であることを「かあーっ」と示したのです。

すると、その僧が言いました。「老和尚様、一喝して私を探ろうなんてしないでください」。臨済は言いました。「お前はどこにいるのか、言ってみろ!」。修行僧は「かあーっ」と返しました。

また別の僧が問いました。「仏法の核心とはいかなるものでございましょうか」。臨済が「かあーっ」とやると、僧は「ははあーっ」と礼拝しました。臨済は「お前は今の喝がありがたい喝だと言うのか?」と聞きました。僧は「賊軍は大敗です」と言いました。「どこに誤りがあったのか?」臨済は聞きました。すると僧は「同じ誤りを犯したら許しませんよ」と言いました。臨済は「かあーっ」と一喝しました。

これはどういう問答なのかというと、要するに、仏法の教えとは自己とは何かを知ることであり、自らの心が仏であることを自覚することであるのに、それを他人に対していちいち聞くとは何事か、と言っているのです。禅とはこういう教えにほかならないというところを示しているのです。

●打たれて痛みを感じる生身そのものが仏法である

今度は五番目の問答で、「払子《ほっす》を竪起《じゅき》す」というところを見たいと思います。

五、上堂。僧問う、如何なるか是れ仏法の大意。師、払子《ほっす》を竪起《じゅき》す。僧便ち喝す。師便ち打つ。又、僧問う、如何なるか是れ仏法の大意。師、亦た払子を竪起す。僧便ち喝す。師も亦た喝す。僧擬議す。師便ち打つ。

師乃ち云く、大衆、夫《そ》れ法の為にする者は喪身失命《そうしんしつみょう》を避けず。我れ二十年黄檗先師の処に在って、三度仏法的的《てきてき》の大意を問うて、三度他《かれ》の杖を賜うことを蒙むる。蒿《こう》枝《し》の払著《ほつじゃく》するが如くに相似たり。如今《いま》更に一頓《いっとん》の棒を得て喫《きっ》せんことを思う。誰人《たれびと》か我が為に行じ得ん。時に僧有り、衆を出でて云く、某甲《それがし》行じ得《う》。師、棒を拈《ねん》じて他《かれ》に与う。其の僧接せんと擬《ほっ》す。師便ち打つ。

これは「仏法とはどういうものですか」と聞かれた臨済禅師がパッと払子を立てて示したという問答です。払子を立てるという働きもそうですし、その払子を見ているところにも仏の働きがありありと現れているということを直に示したのです。

そこで僧が「かあーっ」とやったものですから、臨済禅師はピシャっと拄杖《しゅじょう》で打ち据えました。この拄杖で打ち据えたというのも、自己に仏性が具わっていることに気づくことにほかなりません。打たれて「痛たたっ」と感じる生身のお前そのものが仏法であると示したのです。

ここも現代語訳で見ていきましょう。

ある僧が問いました。「仏法の核心は何でありましょうか」。臨済禅師は払子を立てました。僧は一喝しました。臨済禅師は僧を打ちました。

また別の僧が聞きました。「仏法の核心は何でありましょうか」。臨済禅師はまた払子を立てました。僧は一喝しました。臨済禅師もまた喝しました。僧が何か言おうとすると、臨済禅師はピシっと僧を打ちました。それはみな、この「無位の真人」を示したにほかなりません。

臨済禅師は言いました。「私は二十年前に黄檗先師のところで三度、仏法の核心を問うて三度棒で打たれたのだが、あれはよもぎの枝で軽く払われたようなものであった。今ひとたび、あの棒を頂戴したいものだ。誰か私のためにやってみてくれないか？」

すると一人の僧が出てきて言いました。「私がやりましょう」。臨済禅師は棒をその僧に向け与えようとしました。僧がその棒を受け取ろうとしたとたん、臨済禅師はピシャーンと僧を打ちました。

●街中にいて世間に迎合せず背きもせずに人々を導いていく

次に「上堂」の七番を読んでいきたいと思います。ここには「孤峰頂上」と「十字街頭」という臨済の思想の上において非常に大事な言葉が出てきます。

七、上堂。云く、一人は孤峰《こほう》頂上に在《あ》って、出身の路無く、一人は十字街頭に在って、亦た向背《こうはい》無し。那箇《いずれ》か前に在り、那箇か後《しりえ》に在る。維摩詰《ゆいまきつ》と作《な》さざれ、傅大士《ふだいし》と作さざれ。珍重。

臨済禅師が上堂して言いました。

「**一人は孤峰《こほう》頂上に在《あ》って、出身の路無く**」

一人は高く聳《そび》える山の頂にいて、救済の方便を持たない。

この「出身」とは、迷いの世界からその人を救ってあげるということです。禅僧というと、ついつい高い山に住んで超然と暮らしていて、世間の人を救おうなんてしないという印象があるかもしれません。確かに、歴史の中ではそういう禅僧もいらっしゃいました。そういう人を指して、「ある人は高く聳える山の頂にいて、人を救済するようなことはしない」と言っているのです。

次はそれとは逆のパターンです。

「**一人は十字街頭に在って、亦た向背《こうはい》無し**」

もう一人は往来の激しい十字路にお寺を建てて人々を導いて、それでいて迎合することもなければ見捨てることもない。

街のまん真ん中に暮らしていながら時代に迎合することもしない、というのはなかなか難しいことです。そうかといって、時代に背いて人々を見捨てるようなこともしない。

「**那箇《いずれ》か前に在り、那箇か後《しりえ》に在る**」

諸君はこの二人のどちらが優れていると思うか、と臨済禅師は聞きました。

「**維摩詰《ゆいまきつ》と作《な》さざれ。傅大士《ふだいし》と作さざれ**」

これは「維摩詰（維摩居士）」と「傅大士」という二人を対比させて示しています。「維摩詰」は「一黙、雷の如し」（黙って何も言わない）と言われるように、寄せつけ難いことを表しています。「傅大士」は街の中に入っていろんな人に接していた人で、親しみやすさを表しています。

少々専門的な話になりますが、臨済禅師と同時代に徳山宣鑑《とくさんせんかん》と雪峯義存《せっぽうぎそん》という禅僧がいました。ここの「維摩詰」と「傅大士」は、この二人を意識していると言われています。徳山という人は誰も寄りつけないような禅者でした。それとは逆に、雪峯という人は多くの人たちを導いていった禅僧です。この二人を念頭に置いて、「私は維摩詰を気取ったりしないし、傅大士をまねしたりしない」と臨済禅師は言っているのです。

臨済禅師は山の頂上に留まる「維摩詰」がいいのか十字街頭にいる「傅大士」がいいのかと二つの選択肢を示しているのですが、実は、これはどちらがいいのかを問うているわけではありません。答えは端から決まっていて、AとBのどちらがいいかという質問をした場合、臨済禅師はほとんど後者のBが大事だと言います。つまり、臨済禅師の思想は十字街頭であって、街のまん真ん中にいながら、それでいて世間に迎合することもなく、そうかといって背くこともなく往来の人々を導いていこうという教えなのです。これは非常に大事なところです。

この教えを受け継いで、今でも臨済宗の本山のほとんどは、京都の南禅寺とか天龍寺とか、鎌倉の建長寺とか円覚寺のように、都の中やそのそばに所在しています。対照的なのは道元禅師です。道元禅師は、鎌倉には近寄らずに越前（福井県）の山深くに籠もられました。それが悪いと言っているわけではありません。そういう立場の禅師もおられたということです。臨済禅師は街の中にあって、それでいて迎合することも背くこともせずに人々と共に生きながら人々を導いていきたいという立場だったのです。

●その場その場が自分の目指しているゴールである

では次に八番を読んでいきましょう。

八、上堂。云く、一人《いちにん》有り、劫《ごう》を論じて途中に在って家舎《かしゃ》を離れず。一人有り、家舎を離れて途中に在らず。那箇《いずれ》か合《まさ》に人天《にんでん》の供養《くよう》を受くべき。といって便ち下座《げざ》す。

この問答を少し考察していこうと思います。まず訳を見ていきましょう。

臨済禅師が上堂して言いました。

「一人はずっと永遠に途中にいながら家を離れない。一人は家を離れて、途中にもいない。さて、どちらが人天の供養を受けるのにふさわしいか？」と言って、すぐに座を降りてしまいました。

これはいったい何を言っているのでしょうか。

まず「劫《ごう》を論じて」というのは「永遠に」という意味です。「途中」とは旅の途中。「家舎」は帰り着くべき家、目的地と言ってもいいでしょう。ですから、「劫を論じて途中に在って家舎を離れず」と言えば、旅人が故郷の家を目指して旅の途上にある、と普通は考えるでしょう。

実は、この「家舎」は自分の本来の家である「本来の自己、本当の自分、真人」を表しています。そして「途中」は「現在のこの私、現実、実際の暮らし」です。そこで「途中」を今の自分、「家舎」を本当の自分と考えたならば、ここは「本当の自分を目指して、今の自分はそれに近づこうとしつつある」「今、自分の目指す目的地に向かって進みつつある途中である」という解釈になるでしょう。本来の悟りの世界があって、それを目指して日常という旅をしているのだ、ということです。

ところが、馬祖禅では、「人は誰でも本来的に悟りの世界にあって、その悟りの世界の中で活動している」と考えますから、「劫を論じて途中に在って家舎を離れず」

は「本来の自己を離れることなく、毎日の暮らしを営んでいる」という意味になります。自分が目指すべきゴールは日常の一コマ一コマにある。だから、その途中にいながらも本来の自己を離れることはないのだ、という解釈になります。

しかし、臨済禅師の考え方は違うのです。二つの選択肢を示した場合、臨済は後者の立場をとると言いました。後者は「家舎を離れて途中に在らず」です。「本来の目指すべきところを離れながら、その途中にもいない」と。これは何を意味しているのでしょうか。

前者の「途中に在って家舎を離れず」ならわかります。「いかなる現実の暮らしの中にあっても、本来の自己を見失うということはない」というのは、十分イメージできるでしょう。一方、「家舎を離れて途中に在らず」とは「本来の自己を離れて、しかも途中にいない」ということになります。これは意味がとりづらいと思います。

臨済は、「家舎」と「そこに至る途中」というように二つを分ける考えを否定しているのです。つまり、「本来自分が目指すべき場所」と「今置かれている自分の場所」を分けることを否定しているのです。

そうやって分けることをやめてみたらいったいどうなるかと言えば、「今自分がいるところが自分の目指すところだ」ということになります。これが臨済の重要な思想の一つで、「随処に主となる」という考え方です。「今自分がいるこの場所がまさに我が家である」と考えるのです。

我が家がどこかにあって、今は我が家に至る旅の途中にいるというのではない。「行き先に我が家ありけりかたつむり」という歌がありますが、この見方から「至るところで自分が主となって生きて働いていくのだ」というあり方が出てくるのです。

目的地が遠くにあって、そこに向かって我々は永遠の旅の途中にあるというような見方も決して悪くはありません。しかし、そうやって分けずに、自分が置かれているその場その場が自分の目指しているゴールなのだと考えて、そこで全力を尽くして働いていく。いきいきとして働いているその姿全体が丸ごと仏なのだというのが臨済禅師の思想にほかならないのです。

●馬祖の教えをより一層具体化させた臨済の思想

ここで鈴木大拙先生の言葉を少し引用したいと思います。『臨済の基本思想』という本の中にある言葉です。

「心と云ひ、性《しょう》と云ひ、見《けん》と云ひ、用《ゆう》と云ひ、知と云ふところに、禅の特性を見よと云つてもよいが、自分の考では、臨済の人《にん》思想《しそう》に至りて、これらの寧ろ抽象的なものが具體化して現はれると云ひたいのである」

それまでは「仏」とか「法」という言葉で目指す世界を示していました。でも、それを心といったり、本性といったり、それは見ることだとか、その働きであるとか、それを知ることだというように、具体性を帯びて説いたのが禅の特徴だと言っていいのだ、と。そして大拙先生の考えでは、「臨済の人思想に至りて、これらの寧ろ抽象的なものが具體化して現はれる」のだと。

馬祖禅師は「心こそ仏だ」と言いましたが、それではまだ抽象的なのです。そのことを臨済禅師は「この素っ裸の肉体に本当の人が働いているんだ、それが仏だ」と言いました。こういう教えですから、臨済に至って馬祖の思想がより一層具体化したと大拙先生は見ておられるのです。

先に読んだ上堂の「無位の真人」についての問答の、大拙先生のすばらしい解説があります。『東洋的な見方』の「無位の真人」の章に説かれていますが、ご紹介しましょう。

いかにもきびきびして生きている。千年後の今日でもこれを読むと寒毛卓竪《かんもうたくじゅ》する。それで原文をまず日本文的に書きおろしたものを紹介し、次いでその解説をすることにしよう。臨済ある日の上堂に左のごとくいった。

「赤肉団上に一無位の真人がいる。常になんじら諸人の面門から出入している。まだ証拠しないものは、看よ、看よ」。その時一人の僧あって出て来て尋ねた。

「いかなるか是れ無位の真人ぞ?」と。師、禅牀をおりきたり、その僧の胸倉をとらえて、「道え、道え」といった。その僧ちょっと擬議《ためらっ》た。師すなわちその僧を突き放して、「無位の真人、それなんの乾屎橛《かんしけつ》（乾いた棒状の糞）ぞ」といって、すぐさま方丈へ帰った。

説法といってもただこれだけの所作にほかならぬ。臨済の一挙一動、一言一句、なんらの無駄もない。一一大事な急所を押えている。左に少し解釈をくだす。

赤肉団とは、この肉体のことである。一無位の真人の意味が深い。無位とは、階級のないこと、数量ではかられぬこと、対峙的相関性の条件を超脱したということ。真人には道教的臭味があるが、仏者もよくこの字を使うこともある。

真の人とは普通にいう人のことでなくて、人をして人たらしめるところの存在理由とでもいうべきか、いわゆる見聞覚知《けんもんかくち》の主人公である。深い意味でいう心または心法である。なんらの形体をそなえていなくて、十方を通貫しているところのものである。目で見るもの、耳で聞くもの、足で歩くもの、手でつかむものである。……

（『新編 東洋的な見方』鈴木大拙・著／岩波書店）

「見聞覚知《けんもんかくち》の主人公」とは、見たり、聞いたり、感じたり、知ったりする、その主のことです。それは心または心法のことであり、それが真人なのですから、真人とは本来、どんな姿形も持っていないものです。であればこそ、本当はこの小さな体の中にだけ閉じ込められているものではありません。十方世界を通貫しているほど広大なものです。つまり、この大宇宙に充満している大きな働き、エネルギーが、今この生身の体を通して働いているのです。

「目で見るもの、耳で聞くもの、足で歩くもの、手でつかむもの」というのは、目で見える対象物を言っているのではありません。主体を言っているのです。見ているまさしくそのもの、それであると。

引き続き読んでみましょう。

真人は概念世界の存在でない。言語文字の範疇でとらえられるものでない。臨済は問者のまごつくを見ると、たまらぬ思いがする。直ちに突き放して「この乾屎橛」と、いかにもはき出すようである。何だか口ぎたなく、乱暴のように感ぜられるが、臨済の方から見ると、全体作用である、真人まる出しである。いかにも気持よい。すっとする。このような説法は、古今無類、東西独歩、実に禅僧のひとり舞台といわなくてはならぬ。最後に「帰方丈」と記してある。颱風一過《たいふういっか》の感がある。……

　宗教の要求するのは、真の人である。おひなさまを飾ったのでは活きていない、いかに美しくても手の届かぬ客観的幻影の世界にすわりこんでいては何にもならぬ。活潑潑地の真人そのものでなくてはならぬ。……（同書）

「真人は概念世界の存在でない」のに「真人とはどういうものかなぁ」と頭であれこれ考えていると、それこそ臨済禅師の棒が飛んでくるかもしれないということです。そして「言語文字の範疇でとらえられるものでない」。臨済禅師が言語化を嫌ったのは、無限に広がっている世界が切り取られて限定化されてしまうからです。ですからあえて言語化しようとするものを否定していくのです。「こういうものだ」というと、我々はついついそれを概念として思い浮かべたり、言葉で切り取ってしまいます。臨済はそれを嫌うのです。

「臨済は問者のまごつくを見ると、たまらぬ思いがする」というのは、その質問をしたお坊さんも無位の真人そのものだからです。しかし、その自覚がなくて働くことができていない。まだ「無位の真人というのはどこかにあるものなのかな」と頭で考えている。それを見て臨済は「たまらぬ思いがする」というのです。

それゆえ「直ちに突き放して『この乾屎橛』と、いかにもはき出すようである。何だか口ぎたなく、乱暴のように感ぜられるが、臨済の方から見ると、全体作用である」。臨済禅師の働きそのものが仏としての現れなのです。その全体に仏が現れているということです。

「真人まる出しである。いかにも気持よい。すっとする。このような説法は、古今無類、東西独歩、実に禅僧のひとり舞台といわなくてはならぬ。最後に『帰方丈』と記してある。颱風一過《たいふういっか》の感がある」

こう言って大拙先生は臨済禅師を賞賛しています。全く無駄のない臨済禅師のきびきびした応対にも、無位の真人がいきいきと現れているのです。

「宗教の要求するのは、真の人である。おひなさまを飾ったのでは活きていない、いかに美しくても手の届かぬ客観的幻影の世界にすわりこんでいては何にもならぬ。活潑潑地の真人そのものでなくてはならぬ」
この大拙先生の解説もすばらしいと思います。己の心こそが仏である、そしてこの生身の生きた活動に仏がありありと現れていると自ら確信するところから、このような働きが出て来ます。逆に信じ切れないと、沈んでしまったり落ち込んだり、しおれてしまうことになります。臨済禅師はそんな状態になることを嫌ったのです。

臨済禅師の教えは、この真の自己、即ち無位の真人に目覚め、どんな処にあっても自ら主体性をもって、いきいきと働いてゆくことにあります。

次回は無位の真人が具体的にいかに働いていくかについてお話しします。本日少し触れた「随処に主となる」ということが次回のテーマになります。

第四講

正しい見解を持つ

――真正《しんしょう》の見解《けんげ》

●人間は自分たちの行いによってこそ変わっていくと説いた釈迦

いつものように最初に質問にお答えしてからお話を進めていきたいと思います。まず「仏様と神様の違いはなんでしょうか」というご質問をいただいております。これは非常に大きな問題です。これに答えるには、仏とは何か、神とは何かという定義から始めなければなりません。しかし、今日のテーマとも関わるところがありますので、ごく大まかにお話ししておきたいと思います。

仏様と一口に言いましても、仏とはどういうものかという定義が仏教の中には様々ございます。元々お釈迦様がお考えになっていた仏と時代が経ってからの仏ではずいぶん違っているのです。大乗仏教になると、阿弥陀如来とか薬師如来というような、私たちを救ってくださる仏様というのも説かれるようになってきました。「仏」という言葉にも実に様々な意味がございます。

おそらく神様も同じだと思います。キリスト教の神様、イスラム教の神様は似ているかもしれませんが、それでも違いはあるでしょう。中国で神というと、亡くなった人の魂とか死後の霊というような意味にも使われることがありますし、日本の神話の神様、神道における神様というものもあります。この神様という言葉も実に幅が広いのです。

ご質問にあった神様はおそらくキリスト教的な神様を意識して、仏様と対比しているのではなかろうかと思います。私は専門ではありませんので詳しくはわかりませんが、キリスト教の神様は造物主というのでしょうか、この世の中を創ってくださった、人間を超越した手の届かない存在と言えるでしょう。その神様との約束が信仰ということにつながっていくのだろうと思います。

そういう場合の神様は、私たちが直接お目にかかって話をしたりすることはできません。しかし、その目に見えない神を信じ、神との契約を信じるというところからキリスト教というものが始まっていったのであろうと思われます。

それに対して、仏教ではどうなのか。ここでは元来お釈迦様が説こうとされた仏教の立場という意味でお話しいたします。

仏教で元々言われた仏様は人間でした。仏とは修行をして正しい道理や真理に目覚めた人を指します。決して私たちを超えたはるか遠くにある存在ではありません。我々自身が真理に目覚めて仏になるのです。ですから仏陀《ぶっだ》というのは元々「目覚めた人」という意味でした。

最初の頃にお釈迦様が説こうとされた仏教は、インド社会に存在したカースト制度に根ざした教えに対抗したところから始まっています。インドでは、この世界を支配する、人間を超えた存在があると考えられていました。これを「梵《ぼん》」「ブラフマン」などと呼びました。この世界を支配し、この世界を統括しているような存在です。そんな超越的な存在であるブラフマンによって、人間には生まれながらにして差別があるとされました。そして、バラモン、クシャトリア、バイシャ、シュードラというカーストが決められました。

お釈迦様は、人間は自分たちの行いによってこそ変わっていくものであり、人間の尊さは超越的な存在によって決められたものではなく、お互いの行いによって定まっていくものだと言いました。それが「業《ごう》」という言葉の持つ元々の意味です。「業」というと、日本語の響きからくるイメージがあって、悪いもののように捉えられがちです。しかし、元来は善いも悪いもなく、「行為、行い」をさしている言葉です。

人間は生まれながらにして尊いとか、生まれながらにして差別をされるような存在ではなく、皆平等です。ただ、その行いによってのみ、善くもなれば悪くもなっていく。己を清らかにしていくものは己自身であって、己以外の存在によって清められることはないというのが、お釈迦様の説いたことです。これは、その時代に既にあった宗教と比べて実に画期的な思想であったと思います。人間主義といいましょうか、人間の尊さを謳《うた》っているのです。

人間が唯一変わるのは自分たちの行いによってなのだから、行いが善ければ、どんな生まれであろうと善い人間になるし、行いが悪ければ、どんな生まれであろうと悪いところに落ちていく。それだけであって、我々を審判し、裁判するような超越的な存在は認めないというところから仏教は始まりました。

その真理に目覚めた人を「仏」と言ったのです。これが元来の「仏」という概念です。ですから、最初の仏教の経典、つまりお釈迦様のお説法の中では、「仏教は信仰ではない」と説かれています。

●釈迦の死後、手の届かない存在になってしまった仏

信仰とは、目に見えない、自分では確かめられないようなことを、わからないけれども信じるというものだろうと思います。仏教も目に見えないものを信じることなのではないかと思われるかもしれません。もちろん、仏教も時代の変遷によって「阿弥陀様を信じれば救われる」といったふうに変化していきます。しかし、元来お釈迦様

の教えでは、信じるのではなくて「正しい道理を知る」ということが説かれているのです。今回のテーマとも関わってきますが、お釈迦様は「正しい見解を持つ」ということを大事にしたのです。

この「正しい見解」とは、「真理」と呼んでもいいでしょう。数学の公式のように、誰にでも当てはまるものです。それは「信じる」というよりも、「明らかにする、理解をする、知ることを重んじる」ということです。そして、その正しい道理を知った人のことを「仏陀」と表現したのです。ですから、お釈迦様の頃は、仏陀というのはそんなに遠い存在ではなかったわけです。

ところが、これも今日の内容に関わるのですが、元来はそのように我々が努力すれば到達できる目標であった仏という考え方・概念がお釈迦様の死後、だんだん変わってきました。その結果、お釈迦様のみが仏陀・目覚めた人であるとして、お釈迦様のことを崇拝するようになってきました。お釈迦様ご自身が尊くすばらしい方で人間的な魅力があったに違いないのですが、元来の教えでは信仰というより真理を知ることが大事だったのに、お釈迦様がお亡くなりになった後は、お釈迦様を信じ、尊敬するようになったのです。正しい道理を知るための努力目標であったはずの仏陀が、崇拝の対象に変わってしまいました。

その崇拝の度合いがだんだん強くなっていって、元々は少し努力すれば手の届くところにあった仏というものに到る努力の道筋がだんだん長くなっていきました。とてもじゃないけれど、人間が一回の生涯ではたどり着けない。では、次に生まれてきたときには到達できるかと言えば、それも難しい。その次ならどうかというと、それでもたどり着けない。その次だ、いや、その次だと時代を経るごとに仏になる過程が長くなっていきました。挙げ句には10の56乗という長い年数がかかると言われるようになりました。10の56乗と言われても私などには想像もつきません。百年や二百年や千年や二千年や、あるいは一万年や十万年という話ではないのです。

そのように限りなく遠いものになると、結局、自分たち人間は仏には到達し得ないという思いが生まれます。すると今度は、そんな到達し得ない仏なるものが私たちを救ってくださると信じればいい、という方向に変わっていきます。お釈迦さまの仏教はそういう絶対的なものの否定から始まったのですが、仏に対する考え方が変わったのです。別に悪気があったわけではなくて、お釈迦様を尊敬するあまり崇め奉った結果、仏は到底達することができないものになり、我々はその仏様をただ信じればいいのだというふうになってきたのです。

仏に対する考え方がそんなふうに定まっていた頃、「それは違うのではないか。元来、仏とは私たちにも到達可能なものであるとお釈迦様は言っておられる。そのために修行しなければならないのではないか」と言い出した一派が現れました。その流れの一つに我々の禅宗があります。

禅の考えでは、真理に目覚めた人を仏と言い、元々、我々は仏になれるということが大前提になっています。だから我々も真理に目覚めることのできる可能性を持っているのだと説くようになりました。我々は誰しも仏の心を持っているけれど、それが発揮されていないのだという考え方です。

馬祖禅師の教えを何度もお話ししましたが、そういう目覚める可能性を持っているのは、元来私たちが仏だからだと説いたのが臨済禅師だったのです。

●『大学』の三綱領には仏教の修行のすべてが説かれている

神の存在証明ということが西洋の神学では大変重要な議論の課題だそうですが、仏教の場合、ただ信じるというのではなくて、今お話ししたように誰にでも通用する数学の公式のような真理を知る、明らかにすることが課題なのです。そして、それを知った人、それに目覚めた人を仏というのが根本的な考え方になっています。

儒教の四書の一つ『大学』に「大学の道は明徳を明らかにするに在り、民を親《あら》たにするに在り、至善に止まるに在り」とあります。皆さんご承知の三綱領です。

今北洪川老師の『禅海一瀾《ぜんかいいちらん》』は、『大学』をはじめとして『論語』や『中庸』や様々な儒教の言葉を禅の立場から説いた書物です。女性解放運動家の平塚らいてうは、女学校時代に遊びに行った友だちの部屋でこの『禅海一瀾』と出会い、そこにあった講義の一節を読んで感動して自分も禅をやろうと決心するのです。当時の『禅海一瀾』は木版刷りの、読み下し文も仮名も何もついていない漢文だけの書物です。まだ十九歳の平塚らいてうはそれを読んで感動したのですから大変なものです。

そして、この出会いが彼女の女性解放運動につながりました。それはなぜか。平塚らいてうは、仏教には人間が平等であるというすばらしい思想があると目覚めたのです。今では当たり前のように男女別なく選挙権が与えられていますが、明治の時代に男女平等は当たり前ではありませんでした。それを変革していこうとする平塚らいてうの原動力となったのが禅との出会いだったのです。

その『禅海一瀾』の中で今北洪川老師は『大学』を取り上げて「大学の道は明徳を明らかにするに在り、民を親《あら》たにするに在り、至善に止まるに在り」という三つを仏教の立場に当てはめて解説しておられます。それによると、「明徳を明らかにする」

とは自分自身が悟りを開くことで「自利」、「民を親《あら》たにするに在り」は人を導くことで「利他」であると。そして「至善に止まるに在り」は、それによって自分も悟り、人々も悟らしめて、悟りが完全になる、完全に完成されるのだと言っています。この三綱領には仏教の修行のすべてが説かれていると今北洪川老師は言うのです。

臨済禅師は、喝や棒によって人々を導きました。繰り返しお話ししてきたように、あなた自身が仏であり、あなた自身の中にすばらしい宝が具わっているのだということを、最も直接的に示してあげる方法が喝であり棒であったのです。喝や棒は叱りつけるとか怒鳴りつけるとか気合を入れるというものでは決してありません。パチンと打たれたら痛いと感じますが、それはあなた自身の中にすばらしい宝があるのだということを示す一番直接的な方法だったのです。これが「民に親しむに在り」ということであると洪川老師は説かれています。

●「箸よく盤水を回す」

次の質問に行きましょう。「禅の修行を究めた方々は社会や人をより良い方向に導こうとする使命感や情熱、志を抱くものなのか」と。おそらく質問をされた方は、禅の修行には社会を変革しようというような意志があまり見えないと感じておられるのでしょう。

確かにお釈迦様の姿勢は、別段この世の中を変革しようとか革命を起こそうといったことではありませんでした。それよりも一人一人が目覚めていくことが大切であるという立場でした。そのため、仏教は布教に熱心じゃないとよく言われます。

実際、自分の考え方をすべての人々に強制しようとか、すべての人々を仏教徒にしようというような考えは、特に最初の頃はありませんでした。世の中のあり方や現実の動きにどうしてもついていけない人、疑問を感じるような人たちがやってきたときに、「こういう生き方もあるのだ」と示してあげるというのが、お釈迦様の基本的な姿勢でした。

禅宗もその姿勢を受け継いでいるところがあります。坂村真民先生の「二度とない人生だから」ではありませんが、まず身近な者たちにできるだけのことをしていこうと考えるのです。自分自身がまずしっかりと修行して、大きく見れば「この世の中の皆が幸せになるように」という願いを持つことは持つのですが、そのために社会運動をしようとか、強く自分たちの教えに勧誘をしようというより、共鳴してくれる人たちの輪を少しずつ広げていきたいという立場です。自分たちがすばらしいと思っていることを少しずつ少しずつ周りのご縁ある人たちに伝えていけば、時間がかかるかもしれないけれど、やがて大きな輪、大きな動きになっていくであろうという考え方です。

「箸《はし》よく盤水《ばんすい》を回す」という言葉があります。大きな盥《たらい》の水を回そうとするのに、箸を真ん中に置いて小さな輪を描いていれば、だんだんと盥の水全体が動いていくという言葉です。これは誰が最初に言った言葉なのか存じ上げないのですけれど、私たちは禅の働きをそのようなものとして捉えています。

●主体性を持って生きるとはどういうことか――示衆から学ぶ五つのこと

それでは本日の講義に入りたいと思います。今日は「正しい見解を持つ――真正の見解」というテーマでお話しいたします。

『臨済録』の本文中に「見解」という言葉が出てまいります。これを私たちは「けんげ」と読んでおります。「解」という字には「げ」という仏教独特の読み方がございます。「解脱」も「かいだつ」とは読まずに「げだつ」と読みます。同様に、「真正」も普通は「しんせい」と読むところですが、仏教伝統の読み方があって、「しんしょう」と読みます。「お正月」を「おしょうがつ」と読むのと同じです。ですから、「真正の見解」で「しんしょうのけんげ」と読みます。正しい見解を持つ、という意味です。

前回は『臨済録』の中の「上堂」という一節を読みましたが、今回は「示衆《じしゅう》」という一節を読んでいきます。ここは上堂よりもっと丁寧なお説法になっています。修行僧たちのために、臨済禅師が細かく教えを説かれたところが「示衆」です。「示衆」とは、大勢の人たちに示すということです。ここは『臨済録』の中で一番分量の多いところでこの講座で全部は読み切れません。その中から大切な要素を学んでいきたいと思います。

私は『臨済録』を修行時代に嫌というほど読みましたし、修行僧やお坊さんたちに何度もお話をしてまいりました。今回、一般の現実の世の中で一所懸命働いていらっしゃる皆さん方に『臨済録』を説くのに、何を学んでいただいたらいいであろうかと考えました。結論として、それは「本当の自己のすばらしさに目覚める」ということであろうと思いました。私たちの中には、自分の外部にある社会や環境によって決められた位や階級、立場や地位というものに汚されることのない本来のすばらしい自己というものがある。それに目覚めることによって銘々《めいめい》が仏になれる可能性を秘めている、そういう能力を持っていることを知っていただきたいと思うのです。

それは植物の種がやがて花を咲かせる能力を持っているのと同じです。そのことに目覚めると、どんなところにいても主体性を持つことができます。

この自己のすばらしさに目覚めるということを前回の「上堂」では「無位の真人」という言葉を挙げてお話しいたしました。今回は、目覚めると主体性を持つことができるというのが具体的にどういうことであるのかを学んでいきたいと思います。

本題に入る前に、今回の「示衆」というお説法の段で学びたいことを五つに要約してみました。

一、自信
二、無事
三、随処《ずいしょ》に主《しゅ》と作《な》る
四、活潑潑地
五、嫌う底《てい》の法勿《な》し

まず「自信」です。仏教は信仰ではないというようなことを言いましたが、前にもお話ししたように『臨済録』の中には「悟りなさい」という言葉はあまり出てきません。それよりも「信じなさい」という言葉が何度も出てきます。具体的に言えば、「信」という文字が二十回出てきます。そのうち一か所だけは「信書」、手紙という意味で使われていますから、「信じる」という意味では十九回使われていることになります。『臨済録』はそれほど大部の書物ではございません。にもかかわらず、「信」という言葉が何度も繰り返されているところからは、いかに臨済禅師が「信」を大切にしたのかということがうかがえます。しかし、その「信」とは何か目に見えないものをただ信じるという盲信とは全く異なるものです。この「信」のあり方を学びたいのです。

二番目の「無事」は、この「信」が土台となっています。そして「無事」ということが一つの目覚めになって三番目の「随処に主と作る」、どんな状況においても自らが主人公となるという生き方が現れてきます。さらに自らが主人公となって生きていくことは四番目の「活潑潑地」、活き活きと生きていくということにつながります。

最後の「嫌う底の法勿《な》し」という言葉は、「選り好みをしない」ということです。「底」という字には深い意味はありません。「これは嫌だなと嫌うようなものは何もない」「どんなものがやって来ても自分はそれを受け入れる」ということを臨済禅師は『臨済録』の最後に言っています。

今回は、以上の五つを中心にお話ししていくことになります。

●臨済の正しい見解とは「我々自身が仏である」ということ

それでは「示衆」の段の最初のところを読んでみましょう。

師乃ち云く、今時《こんじ》、仏法を学《がく》する者は、且《しばら》く真正《しんしょう》の見解《けんげ》を求めんことを要す。若し真正の見解を得れば、生死に染まず、去住自由なり。殊勝《しゅしょう》を求めんと要せざれども、殊勝自《おのず》から至る。道流《どうる》、祇《た》だ古《いにしえ》よりの先徳の如きは、皆な人を出《い》だす底《てい》の路有り。山僧が人に指示する処の如きは、祇だ你《なんじ》が人惑《にんわく》を受けざらんことを要す。用いんと要せば便ち用いよ、更に遅疑《ちぎ》すること莫れ。如今《いま》の学者の得ざるは、病甚《やまいなん》の処にか在る。病は不自信の処に在り。你若し自信《じしん》不及《ふぎゅう》ならば、即便《すなわ》ち忙忙地《ぼうぼうじ》に一切の境に徇《したが》って転じ、他《か》の万境に回換《えかん》せられて、自由を得ず。你若し能く念念馳求《ちぐ》の心を歇得《けっとく》せば、便ち祖仏と別ならず。你は祖仏を識《し》らんと欲得《ほっ》するや。祇だ你面前聴法底《ちょうぼうてい》是れなり。

学人信不及《しんふぎゅう》にして、便ち外に向って馳求す。設《たと》い求め得る者も、皆な是れ文字の勝相にして、終《つい》に他《か》の活祖意《かっそい》を得ず。錯《あやま》ること莫れ、諸禅徳。此の時遇《あ》わずんば、万劫千生、三界《さんがい》に輪廻《りんね》し、好境に徇《したが》って掇《てっ》し去って、驢牛《ろご》の肚裏《ずり》に生ぜん。道流、山僧が見処に約せば、釈迦と別ならず。今日多般の用処《ゆうしょ》、什麼《なに》をか欠少《かんしょう》す。六道の神光《じんこう》、未だ曾つて間歇《かんけつ》せず。若し能く是《かく》の如く見得せば、祇《た》だ是れ一生無事の人なり。

まず「**師乃ち云く、今時仏法を学する者は、且《しばら》く真正《しんしょう》の見解《けんげ》を求めんことを要す**」とあります。これは、「仏法を学ぶには正しい見解が大切である」ということを言っています。信じる者は救われるというのではなくて、正しい見解を持つことなのだ、と。これが『臨済録』の説法の核心というべき考え方です。

元来お釈迦様の教えでは、仏教の道は八つの正しい道を行うものであるということでした。人間は生まれながらにして尊いとか卑しいと決められるものではないし、自分たち人間を超えた超越的なものによって支配をされるものでもない。人間が人間を変えていくのは個々人の行いしかないとお釈迦様は言われました。それには八正道《はっしょうどう》という八つの正しい行いがあって、それが一番大事だというのです。

その八正道の中で最初のものが「**正見**」です。これは「正しい見解」「正しいものの見方」をするということです。二番目は「正思惟《しょうしゆい》」。「正しい考え」「正しく思うこと」が大切です。それが土台となって三番目に出てくるのが「正語」。「正しい言葉」を使うということです。人を傷つけるような言葉は使わないということです。

四番目は「正業《しょうごう》」。これは「正しい行為」をすること。人の命を殺《あや》めるとか、人の尊厳を傷つけるようなことはしてはいけません。五番目は「正命《しょうみょう》」。「正しい生業」を持つことです。生きていくために人を騙してお金を取るとか、人の物を盗み取って儲けようとすることはいけない。正しい職業につくことが大切なのです。

六番目に「正精進」、つまり「正しい努力」をする。自分を救うのは自分自身しかない、己こそが己の拠りどころであるというのが元来の仏教の教えです。だから、常に正しく永遠に努力をし続けていかなくてはいけません。七番目は「正念」。そのことに正しく目覚めていく、正しく気づいていくということです。最後の八番目は「正《しょう》定《じょう》」。これは「正しい集中」をしていくということです。

こういう八つの正しい行いによって人間は仏陀になる、仏になれるというのが仏教の元来の教えでした。

臨済禅師が説かれた「正しい見解」は、お釈迦様の説かれたものとは少々異なります。

お釈迦様の考えでは、この世は無常であり、移り行き変化していくもので、一時も同じ状態のものではない。そして無我です。これこそが自分、自分のもの、自分の体というような、永遠に存在し続けるものは何もない。それにもかかわらず、自分、自分のもの、自分の体に執着してしまうがために苦しみが生じる。これがお釈迦様の説かれた正しい見解にほかなりません。

しかし臨済禅師がここで説かれた正しい見解、正しいものの見方とは、我々自身が既に仏であるということでした。我々自身が仏の心を具えているということを正しく知ることである、と。臨済の教えの一番の核心はここにあります。

●やがて必ず迎える「死」をいかに深く見つめるか

その正しい見解を得ることができたならば、「生死に染まず、去住自由なり」。お釈迦様にとっての一番大きな問題は、人間の生と死というものでした。人間は生まれ、生と死の間に歳を取り、老いて、病気になり、やがて死を迎えます。「生老病死」です。ここから老病を抜くと生と死が残ります。生まれた者は必ず死を迎えなければなりません。死は永遠の別れです。自分というものを全部奪い去っていきます。この死をどう受け止め、どう捉えたらいいのか。これが人間にとって一番の根本問題であり、禅の修行においても、「死」の一字をいかに深く見つめるかが大きな課題になります。それがすべてであると言ってもいいくらいです。

臨済禅師は、正しい見解を持つことができたならば「生死に染まず」というのです。そして「去住自由なり」と。「去」は死ぬこと、「住」は留まることですから、死ぬも生きるも自由にできると言っているのです。

この「去住自在」については、臨済以前の百丈という人の次のような言葉があります。

火に入るも焼けず、水に入るも溺れず、倘《も》し焼けんと要《ほっ》せば即ち焼け、溺れんと要せば便ち溺れ、生きんと要せば即ち生き、死なんと要せば即ち死し、去住自由なり。者箇《こ》の人自由の分有り。（『天聖広灯録』巻九　百丈章）

この言葉は、世間の人が生を喜び、死を厭《いと》っているのに対して、生に執着せず、死をも恐れないことを表しています。生きようと思ったならば生きるし、死のうと思ったならば死ぬし、自由自在である。生にも執着せず、いつでも死ねる。こういう心境を去住自由と言うのである、と。

これはなかなか難しい問題ですが、死の問題はこれからますます切実になってくると思います。というのは、人はだんだん死ねなくなってくると思うからです。人生百年時代と言われ、これからは超のつく高齢化社会になっていくのでありましょう。

医療の現場に携わっていらっしゃる方からも、こんな本音を聞いたことがあります。「自分たちはどこまで治療していいのかわからない。もう九十、百になるような人がいざ具合が悪くなったとなると、心臓マッサージもしなければいけないし、最後は電気ショックを施さなくてはいけない。しかし、これは苦痛を与えているだけではないか。しかしながら、家族の要請がない限りは最後までやり続けなければならないのです。死というものを銘々がそれぞれ自分で判断をしていくような時代になってもらわないと、医療の現場は本当に困るんです」と。

自分がどういう死を迎えるのかを予め考えるということが、禅の語録では何百年も昔から言われていましたが、この問題は今後ますます深く切実なものとなってくると思います。

前回、「無位の真人」という話をしましたが、この「真人」という言葉の説明のときに、これは元々道教の言葉であるというような話をしたと思います。実は『荘子』

の中にも、同じような概念があります。お釈迦様は人間の死というものを見つめるうちにどう生きたらいいのかということが大きな問題となって出家をし、修行をしましたが、中国では老子や荘子といった人たちが死について考えていたのです。

『荘子』大宗師篇には次の言葉があります。

むかしの真人は、生を喜ぶことも知らず、死を憎むことも知らなかった。生まれてきたからといって喜ぶわけではなく、死にゆく段になっても死を嫌がらない。自然に任せて行き、自然に任せて来るだけのことだ。（『新釈漢文大系7「老子・荘子」上』阿部吉雄・山本敏雄・市川安司・遠藤哲夫・著／明治書院）

『臨済録』にある「生死に染まず、去住自由なり」というのも、ここに説かれているのと同じような概念であろうと思います。「自然に任せて行き、自然に任せて来るだけのことだ」と。

始めとなるもの（生）**を避けず、終りとなるもの**（死）**を求めず、生が授けられればすなおに受けるし、生を失っては元へ戻っていく。**（同書）

こういう自然な立場のことを臨済禅師は「去住自由」と表現しているのでしょう。ですから『老子』『荘子』というような中国の道教の世界においても、こういう生き方をする人を理想の人物として説いていたのでしょう。

その理想の人物は決して遠いところにあるのではなくて、「赤肉団上」お互いの素っ裸の肉体の上に現れているのだと説くのが臨済の「無位の真人」という教えでした。『老子』『荘子』の場合は、「真人」は遠い理想の人物像であったと思います。しかし臨済の教えでは遠い理想などではなくて、「今のあなた自身がそうなのだ」「他人事ではないぞ。あなた自身、そのように生きることができる心を持っているのだ」ということになります。それをダイレクトに示そうとしたところに、臨済の禅の大きな特徴があるのです。

●自分を信じられないと修行はうまくいかない

次に「殊勝《しゅしょう》を求めんと要《ほっ》せざれども、殊勝自《おのず》から至る」とあります。「殊勝」という言葉は「殊勝なお心がけでございます」というように今でも使われます。人よりも優れてすばらしいというような意味合いでしょう。ことさらに優れている、実にすばらしいということです。

これを入矢先生は、「至高の境地を得ようとしなくても、それは向こうからやって来る」と訳しています。

これが朝比奈宗源老師訳では、「偉そうにする気などなくとも、自然にすべてが尊くなる」となっています。私自身が仏である、私自身が仏の性質を持っていると気がついていれば、何もことさら偉そうにしなくてもそのままで尊いのだということです。また花園大学の衣川賢次先生は「解脱を求めずとも、解脱はひとりでにわがものとなる」（『新国訳大蔵経　六祖壇経・臨済録』布川賢次・齋藤智寛・訳注／大蔵出版）と訳されています。

この「殊勝」至高の境地とは、仏のことだと言っていいでしょう。仏教において一番優れているものは仏でありましょう。しかし、仏の境地、仏の心といったものは、求めようとしなくても、すでに「自から至る」この体に具わっているものであるぞ、と。臨済禅師が一番に示そうとしたかったのはそのことであろうと私は思うのです。

「道流《どうる》、祇《た》だ古《いにしえ》よりの先徳の如きは、皆な人を出《い》だす底《てい》の路有り」

昔からの優れた祖師方、優れた先人たちは、「人を出だす底の路有り」と。これをどう訳すのが正解なのかわかり難いところがあります。従前の解釈では「人を出だす」とは、人を迷い苦しみの世界から悟りの世界に出してあげる、その力のことを言うと学んできました。そういう解釈によって、たとえば朝比奈訳は「それぞれ学徒を自由な境地に導く実力があった」となっていますし、入矢訳は「超え出させる導き方を心得ていた」となっています。

しかし近年の研究によると、「人を出だす」とは「人より一頭地を抜く、人より優れた」という意味であると言われるようになりました。人を迷いの世界から引き出す力というより、「人より優れた力を持っていた」という意味だということです。

「山僧が人に指示する処の如きは、祇だ你《なんじ》が人惑《にんわく》を受けざらんことを要す」

「私（臨済）が皆さんに示したいのは、人惑を受けないことなのだ」と言っています。「人惑」とは、人に惑わされることです。

前にもお話ししましたが、禅文化研究所から出されている山田無文老師の『臨済録』の帯に、この言葉の訳が説かれています。それによると「臨済がみんなに求めるところは、人にだまされるな、ということだ。学問にだまされるな。社会の地位や名誉にだまされるな。外界のものにだまされるな。何ものにもだまされぬ人になれ。それだけだ」となっています。

最初にお話ししたように、「人は誰でも悟れるし、努力をすれば仏になれる」というのが仏教の教えでした。ところが、お釈迦様が亡くなって年月を経ると、お釈迦様のことを尊敬するあまり、「仏様になるなど我々には到底及びもつかないことだ。我々は仏に救ってもらえばいいのだ」といった教えまで出てきました。しかし、臨済は「そういう説に騙されるな。あなた自身が仏になるすばらしい能力、素質を持っているのだ」と言っているのです。これこそが臨済の最も説きたかったことだろうと思います。

「用いんと要せば便ち用いよ。更に遅疑《ちぎ》すること莫れ」

やろうと思ったならばすぐやるのだ。躊躇《ためら》うことはない、と。

「如今《いま》の学者の得ざるは、病甚《やまいなん》の処にか在る。病は不自信の処に在り」

ここは大事なところです。修行者たちが修行してもうまくいかない原因はどこにあるのか。それは「不自信」自らを信じることができないところにある、と言っています。我々には存在も知ることのできないような目に見えない神なる存在を信じろというのではなくて、自らを信じ切れないという一点にあるのだ、と。

この言葉に深く感銘を受けて『臨済録』を持って別子銅山の煙害事件に臨んだのが、

住友の伊庭《いば》貞剛という人物です。この伊庭貞剛については、第五回の講義で改めて触れるつもりです。

さて、『論語』雍也《ようや》篇に有名な「女《なんじ》、画《かぎ》れり」という言葉があります。皆それぞれすばらしい能力、素質、可能性を持っているのに、自分で自分のことを限定してしまっている。孔子は、それが一番の問題なのだ、と言っています。この「不自信」も同じでしょう。

●臨済の「信」には四つある――理解・感動・意欲・確信

では、自ら信じるという「信」の内容とはどういうものなのでしょうか。これは最初にお話ししたような盲信ではありません。

仏教の専門用語で恐縮ですが、『成唯識論《じょうゆいしきろん》』によると「信」には三つの要素があると言われています。「信忍」「信楽」「信欲」の三つです。

最初の「信忍」の「忍」は「認める」という意味で、道理をよく聞いて知的に理解することを「信忍」と言います。たとえば「諸行は無常である」というのは明白な事実です。すべてのものは移り変わっていきます。どんなものでも同じ状態ではありません。紅葉した葉は、どんなにきれいだと思っていても散っていきます。これは信じるとか信じないという以前の問題です。それをちゃんと知る。知的に理解をすることが「信忍」です。

私たちは今のこの自分だけが自分だと思っています。それぞれ肉体を持って、僅か数十年の人生経験と知識だけで生きているのが私なのだ、と。そう考えると、自分というのはそんなに立派なものとは思わないかもしれません。しかし、この私を生かしているものは何か、この私の命を生かしているものはなんなのかと考えてみれば、たかだか数十年の命というだけでは事は終わりません。この命は親からずっと受け継いできた命であり、その親はまたその親から、その親はそのまた親から受け継いできたのです。たどっていけば人類の始め、さらには生物の誕生から営々と受け継がれてきた命が、今、自分の体の上で生きていると言っていいのです。

しかも、この自分の命は、空間的に考えるとお日様の光がなければ存在し得ないものですし、水や空気がなければ生きることもできません。そうした自然現象がなければ生きることができないのです。さらに言えば、地面の引力がなければ生きることができません。太陽の大きな力も、月の満ち欠けも大きな影響を与えています。

そうした大自然の力ばかりでなく、いろんな人たちのお陰によって私たちは生きています。あの人のお陰、この人のお陰、あの人にお世話になった、あの書物の影響を受けたということがあるから、今、自分はここに生きていられるのです。

そんなことを考えると、時間的にも実に無限なるものが込められていて、空間的にも無限の広がりを持ったものが私を生かしているということがわかってきます。「信忍」とは、こうしたことをちゃんと知的に理解するということです。

つまり、私たちは限定されたものではなく、無限の可能性が秘められていることをよく理解するということです。「信」の一番の土台は知的な理解です。盲信では決してないのです。

しかし、人間は理解をしただけでは変わりません。理解をするというのは少々頭を使えば誰でもできることですが、それだけでは目覚めや人格の変容、人格の向上にはつながっていきません。そこで次に大事なのは、仏・法・僧の三宝がすばらしいものであるということに感銘を受けて憧れること。もっと言えば感動することです。変わるためには、情的な感情に訴えてくるものがなくてはならないのです。これを「信楽」と言います。

単なる盲信ではなくて、最初に「ああ、なるほど、私たちを生かしている大きな真実は、時間的にも無限のものであるし、空間的にも実に大宇宙いっぱいのもののなのだな」とよく理解をしたら、「それはなんとすばらしいことではないか」と自らの感性に訴えて感動をすることが大事なのです。

ただし、感動して終わったのでは、これも目覚めや人格の向上にはつながりません。そこで次に大事になってくるのが「欲」です。仏教に説かれている修行は、自分の中に無位の真人がいて、本来の自己の実現をもたらす力が自分にはあると信じて入っていきます。そのときに「意欲」「意志」「使命感」といったものが出てきます。「なるほど、そんなすばらしい可能性が自分にあるのであれば、ひとつ実践をしてみよう」と決意をするわけです。この「意志的な信」のことを「信欲」と言います。

以上のように、伝統の仏教学では「信」には三つの要素があると説かれています。

宗教と言うと、わけもわからないのに「とにかく信じろ」「信じる者は救われる」というようなものだと思われるかもしれませんが、元来の仏教は違います。まずちゃんと知的に理解することが大事なのです。私たちを生かしているものはなんなのかを知的に理解することによって、自分が大きな可能性を秘めていることが理解できるようになるのです。しかし、理解して終わったのでは人間は変わりません。変わるには感動がなければならないし、感動したら次は「自分もやってみよう」という意志を持たなければならないというのです。

ところが、『臨済録』の「信」の内容には、この三つに「確信」が加わります。「理解・感動・意欲・確信」です。よく理解をして、その教えのすばらしさに感動して、自分もやってみようという意欲を起こして、「なるほど、確かにその通りであった」という確信を得るのです。これが自信、自らを信じるということです。

臨済禅師が今の修行者たちには「信」が足りないと嘆いている「信」とは、こういう内容のものです。ただ闇雲に信じたならば救われるというような話では決してありません。

●それぞれの中に値段が付けられないすばらしい宝がある

では、いったいどういうことを理解し、どういうことに感動し、どういうことに意欲を持ち、どういう確信を得ていくのでしょうか。それを述べたのが、次のところです。

「你若し自信《じしん》不及《ふぎゅう》ならば、即便《すなわ》ち忙忙地《ぼうぼうじ》に一切の境に徇《したが》って転じ、他《か》の万境に回換《えかん》せられて、自由を得ず」

「信」が足りないから、あたふたと環境に引きずり回されるのだと言っています。「一切の境に徇って転じ、他の万境に回換せられて、自由を得ず」というのはそういうことです。「信」が足りないから主体性が失われて、外の情報や環境に振り回されてしまう。その結果、自分自身がだめになってしまうのだと臨済禅師は説いています。そうならないように、確信を得ることが大事なのです。

「你は祖仏を識《し》らんと欲得《ほっ》するや。祇だ你面前聴法底《ちょうほうてい》是れなり」

仏や祖師とはどういうものなのか。今、私の目の前でこの話を聴いているあなたこそが仏である。仏とはあなた自身のことである。

このことを「なるほど、その通りだ」と理解をし、「そんなすばらしいものなのか」と感動をし、「よーし、じゃあ自分もそれをやってみよう」と実践をして、「なるほど、我が身には仏というべきすばらしい可能性が具わっているのだ」という確信を得る。それが得られると外の環境に振り回されることがない、と臨済禅師は説いたのです。

「学人信《しん》不《ふ》及《ぎゅう》にして、便ち外に向かって馳求す」

あなた自身が仏というすばらしい存在であるにもかかわらず、仏なるものが外にあると思って走り回って求めている。

「設《たと》い求め得る者も、皆な是れ文字の勝相にして、終《つい》に他《か》の活祖意《かっそい》を得ず」

あのお坊さんはこういうことを言っていた、あの経典にはこういうことが書いてあったといくら勉強しても、それらはすべて「文字の勝相」である。つまり、自分自身の身の上に理解をして、それが感動と意欲と確信にまで結びついていかなければ、どんなすばらしい本や言葉を学んだとしても、きれいな言葉の響きのよさに酔っているに過ぎない。

「なるほど、その通りだ」とよく理解をして感動をして、「自分もこういう生き方をしていこう」という意欲を持って実践をして、「確かにそうだ」という確信を得るまでに至らなければ、人格の向上にはつながらないということです。

「六道の神光《じんこう》、未だ曾つて間歇《かんけつ》せず」

六根から働き出る輝きは、かつてとぎれたことはない。

この働きこそが仏なのである、ということです。これは何度も言うように、「あなた方自身が目で見たり、耳で聞いたり、鼻で匂いを嗅いだり、舌で味わったり、自分の体で触れる。こうしたすばらしい働きこそが仏である」と言っているのです。こうした五感に意識の働きを加えたものが六道の神光で、それがすばらしい宝なのです。

そんなことは当たり前じゃないかと思うかもしれませんが、それが本当にすばらしいということに気づくことが大事なのだと昔の祖師方も説いています。別に臨済禅師が新しく説いたわけではありません。

臨済禅師よりも前の時代の、あまり一般には知られていない福州大安禅師という方がおられました。この方は次のように言っています。

汝ら諸人、各自の身中に無価《むげ》の大宝有り。眼門より光を放ちて山河大地を照らし、耳門より光を放ちて一切の善悪の音響を領覧し、六門より昼夜常に光明を放つを、亦放光三昧と名づく。（『景徳伝灯録巻九』）

「無価の大宝有り」とは、価値がないということではありません。値段が付けられないほどのすばらしい宝がそれぞれの身の中にあると言っているのです。

そのすばらしい宝が目から光を放って外の世界を見、耳から光を放って一切の音を聴いている。二六時中、昼ともなく夜ともなく、私たちの目や耳や鼻や舌やこの体、そして意識を通じてすばらしい働きをしている。そのことを自覚をしていないのです。

●自分の為す行為はいかなるものも皆、仏の行いである

ゆえに臨済禅師は言います。

「若し能く是《かく》の如く見得せば、祇《た》だ是れ一生無事の人なり」

そんなすばらしい働きが本来私たちに具わっているのだということに気がつくことができたならば、その人のことを「一生無事の人」というのである、と。これを入矢先生は「一生大安楽の人」と訳しています。

「無事」というのは、単に「何もない」とか「今日も無事でよかった」という意味ではありません。それを馬祖禅師は「平常」とか「ありのまま」というように説かれました。新しく何かを付け加えるのではなくて、あなたには持ち前のすばらしいものがあるという意味で「平常」と説かれたのです。

馬祖禅師が「平常」と説かれたことを臨済禅師は「無事」と言いました。「無事」の反対は、一般の社会的な言葉としては「有事」です。今の平和な時代は無事です。一朝、外国と揉め事が起こったりすると有事だと言いますが、仏教の場合は「多子」と言います。無事とは多子がないことです。

ご記憶にあると有り難いのですが、前に出てきた「黄檗の仏法多子無し」というのがこの概念です。何もくだくだしい余計なものはない。端的そのものである、ということです。私自身のこの体にすばらしいものが具わっている。それに目覚める。すると、「自己の心が仏であり、自身の為す行いはすべてそのまま仏の行いにほかならないのだから、ことさら聖なる価値を求めてする修行などはやめて、ただ平常無事でいるがよい」ということになるのです。

こういう言葉を聞くと、やる気がなくなっていくように思うかもしれませんが、この言葉について最近反省させられたことがあります。年末になると、いろんな方から暮れのご挨拶で贈り物をいただきます。ありがたいのですけれど、いただくとお礼状を書かなければなりません。だんだんとそのお礼状を書く時間が増えてまいりまして、自分の修行をする時間や勉強をする時間が減っていきます。「早く片付けて、自分の坐禅や資料の整理や勉強をしなければ」という思いでいたのですが、それが今の「無事」の教えから見ると間違いだったと気がつきました。

ことさらに坐禅をしたり勉強をしたりということだけが修行ではないのです。自分の為す行為は、いかなるものであろうとも、どれも皆、仏の行いなのです。しかし私は、一つひとつお礼状を書く仕事や庭の落ち葉の掃除をすることを、『臨済録』の勉強や坐禅をすることと心の中で区別をしていました。それが間違いであったということに最近気がついたのです。私は人様の前で、「あらゆる営みは皆、仏の営みだ」と説いていたのですが、心の中にはまだ「これは雑事である、こちらは大事な仕事である」という区別があったのです。

そういう区別はない、というのが臨済の教えです。鍵山秀三郎先生が言われた「凡事徹底」と一緒です。手洗いのお掃除をしたり、お礼状を書いたりといった些細《ささい》なことも、『臨済録』を学ぶのと全く等価な、全く区別のない仏の行いなのです。

これは、どの会社のどんな仕事でも同じでしょう。どんな世界にも日の当たる仕事と陰の仕事があろうかと思います。しかし、それは臨済禅師の「無事」という考えからすれば、外から見て尊く見えるような行いだけがすばらしいのではなくて、いかなる行いも皆仏の営みなのです。人の見えないところで評価されないようなことをしていたとしても、その営みは仏の営みなのです。

ですから、一つひとつのお礼状を書くにしても、手紙の整理をするにしても、決して雑事ではありません。台所で菜っ葉を刻んでいようが、夏になって糠床《ぬかどこ》をかき回していようが、白菜の漬物を漬けようが、ポストに手紙を入れに行くのも、それはみんな同じ仏の現れであるということです。

そう思うと、何をしようと苦痛ではなくなります。この仕事を早く片付けて大事なことをしようとするから、ミスや落とし穴が出てくるのではないかと思います。

それに私が気づいたのはついこの間です。正しい見解を持つことが大事だと言いながら、それまでは心の中にまだ差別が残っていたということです。

駒澤大学の小川隆先生の言われる「本来性と現実態の無媒介の等置」というのが本来の仏のあり方です。清らかさ、聖なるものと、現実の些細な暮らし、毎日の日常の暮らしが等しい。これが臨済禅師の「無事」という考え方です。聖なるものが特別にあるというような考え方をしない。キリスト教の人のように日曜日にミサに行って礼拝をするのだけが尊いというのではなくて、我々の禅の立場から言えば、わざわざそこに行かずとも、お部屋の掃除をしているのも、料理をするのも、皆これが本来性、本来の仏としてのすばらしい営みなのです。

●先人のつまらぬカラクリに惑わされるな

次の説法を見てみましょう。

道流、心法《しんぽう》は形無くして、十方に通貫す。眼《まなこ》に在っては見《けん》と曰《い》い、耳に在っては聞《もん》と曰い、鼻に在っては香《か》を齅《か》ぎ、口に在っては談論し、手に在っては執捉《しっそく》し、足に在っては運奔《うんぽん》す。本《も》と是れ一精明《いちせいめい》、分れて六和合《ろくわごう》と為《な》る。一心既に無なれば、随処に解脱す。山僧が与麼《かく》説くは、意は什麼《いずれ》の処にか在《あ》る。祇《た》だ道流が一切馳求《ちぐ》の心歇《や》むこと能わずして、他《か》の古人の閑機境《かんききょう》に上《のぼ》るが為なり。道流、山僧が見処を取らば、報《ほう》化《け》仏頭を坐断し、十地《じゅうじ》の満心《まんしん》は猶《な》お客作児《かくさじ》の如く、等妙《とうみょう》の二覚《にかく》は担枷鎖《たんかさ》の漢、羅漢《らかん》辟支《びゃくし》は猶お厠穢《しえ》の如く、菩提涅槃《ぼだいねはん》は繋驢橛《けろけつ》の如し。何を以ってか此《か》の如くなる。祇《た》だ道流が三祇劫空《さんぎごっくう》に達せざるが為に、所以《ゆえ》に此の障礙《しょうげ》有り。若し是れ真正の道人《どうにん》ならば、終《つい》に是《か》の如くならず。但《た》だ能く縁に随って旧業《きゅうごう》を消し、任運《にんぬん》に衣裳を著《つ》けて、行かんと要《ほっ》すれば即ち行き、坐せんと要すれば即ち坐し、一念心の仏果を希求《きぐ》する無し。何に縁《よ》ってか此の如くなる。古人云く、若し作業《さごう》して仏を求めんと欲すれば、仏は是れ生死の大兆《だいちょう》なり、と。

ここは前にも少しお話ししましたが、心について説明をした部分です。私たちには無限の可能性があるけれども、それは心が六根、目や耳や鼻や舌や体や意識を通じて働いているからであって、そこがすばらしいところなのです。

では、その心というものはどこにあるのかというと、「**心法**《しんぽう》**は形無くして、十方に通貫す**」と。心には形がなくて十方世界を貫いている。こんな小さな体の中に収まるものではないのです。先にも言ったように、太陽の光がなければ命は存在し得ません。この大宇宙の働きがなければ、小さな命一つ存在できないのです。私たちの命は、全世界、全宇宙と関わり合いながら存在しています。ということは、心は無限の広さを持っていることになります。そんなすばらしいものが私たちの目や耳や鼻や口や手や足を通じて働いている。そこに気がついたならば、どんな境遇にいても生きていくことができます。

前回の「無位の真人」で、すばらしい宝というのはそれぞれが持つ心のことであり、それは目・耳・鼻・舌・体・意識の六根の働きに現れているというお話をしました。「無位の真人」とは活動する生身の人間の営みにほかならないのだ、と。これが仏なのです。これが西洋的な神の概念とはかなり異なっていることはご理解いただけたかと思います。

しかしながら、私たちは「**古人の閑機境**《かんききょう》**に上**《のぼ》**る**」古人のつまらぬ仕掛け、先人のつまらぬカラクリに惑わされる。昔の人が行ったくだらぬカラクリに陥ってしまっているのだと臨済禅師は説きます。

これはおそらく、いろんな世界においてあることでしょう。たとえば、私が今一番に取り組んでいるのは、伝統の修行を見直そうということです。（令和三年）十二月四日に花園大学の佐々木閑《しずか》先生と対談をいたしました。日経新聞に掲載されましたが、その対談の中で、坐禅のときに警策という棒で叩くということについて話しました。坐禅と警策はセットになっていて、取材で坐禅の写真や映像を撮るときには必ず警策で叩く場面が使われます。

しかし、お釈迦様はそういうことをしろとは言っていないのです。臨済禅師の時代にもありませんでした。もちろん棒で叩いて示すことはありましたが。それは罰ではなくて、何度も言うように「あなた自身が仏である」ということをダイレクトに示すためのものです。坐禅中に寝ているから叩いて起こすとか気合を入れるというようなものでは決してなかったのです。

警策がいつ使われ出したのかを調べていくと、中国の唐の時代にも宋の時代にもありません。明の時代になってようやく出てきます。日本でも鎌倉時代にはありませんでしたし、室町時代にもありません。江戸時代に明の仏教が入ってきたときに、坐禅のときに棒で叩いて眠気を醒ましてやるというようなことが入ってきたのです。

そのようなことを正しく理解すると、警策で叩くことはどうしても必要なものではないのだとわかります。なくてもいいのならば、やらずに坐ればいいのではないかと思って、佐々木先生に「私は警策を見直してこの頃やらないのですよ」と言ったところ、「それはすばらしい」とご賛同をいただきました。

伝統も単なる伝統として守っているだけでは組織の停滞を引き起こします。もちろん良き伝統は守らなければなりません。でも、中には悪しき習慣となってしまっているものもないわけではありません。そんな悪しき習慣となっているようなものまで大事にしようと思うと、それこそ先人のくだらぬカラクリにはまってしまいます。

もっとも『臨済録』のこの箇所で言われていることは、度々お話をしてきましたように、元来仏は誰もが到達可能なものであったはずなのに、歴史を経て臨済禅師の時代になると、10の50何乗という永遠に近い時間をかけなければ到達し得ない、ほぼ到達不能というようなことが説かれるのです。そんな説に言いくるめられてはいけない、そんな罠に引っかかるな、ということを臨済禅師は言いたかったのだろうと思います。

その少し先に「三祇劫《さんぎごう》」という言葉が出てきます。これは道を求めようという菩提心を起こしても、修行して成仏するまでには五十二の段階があるということです。要するに、無限の時間が必要だということを言っています。五十二段階だから一年に一つずつ上がれば五十二年で仏になれるというわけでないのです。

阿僧祇《あそうぎ》という言葉があります。数え切れないことを意味していて、一般に「無量の数」のことを言います。いろんな説がありますが、成仏するまでにかかる時間は10の51乗とか10の56乗と言われています。いずれにしろ、ほぼ永遠といっていいぐらいの長い時間がかかることになります。それを臨済禅師は「先人のくだらぬカラクリだ。そんな説に惑わされるな。あなた自身が仏なのである」と説かれたのです。

●特別なことをするのではなく、日常の営みこそが尊い

この「三祇劫《さんぎごう》」の次に「空《くう》に達せざる」とあります。「すべては空である」という言い方をします。私たちが仏になると言っても、そう簡単にはなれないのだということを示すために、私たちの存在と仏様の間に高い壁がつくられることになります。その壁は『般若心経』にある「色・受・想・行・識」の「五蘊《ごうん》」など、専門用語で言うとたくさんの言葉で表されます。

その壁を乗り越えるには10の50何乗のも時間がかかるというわけですから、それはもう崩せない岩盤のようなものです。しかし、臨済禅師は、それは「空」であると。そんなものは幻である、蜃気楼であると言ったのです。そのことに気がつけば、自分

自身が仏であるということに目覚めることができる。これが臨済禅師の言おうとしたことです。

それに気がつき目を覚まして、**「但《た》だ能く縁に随って旧業《きゅうごう》を消し、任運《にんぬん》に衣裳を著《つ》けて、行かんと要《ほっ》すれば即ち行き、坐せんと要すれば即ち坐し、一念心の仏果を希求《きぐ》する無し」**ということが大事なのであると。

入矢先生はここを次のように訳しています。「ただその時その時の在りようのままに宿業を消してゆき、なりゆきのままに着物を着て、歩きたければ歩く、坐りたければ坐る。修行の効果への期待はさらさらない」と。

何もことさら修行という特別な効果を求めるのでなくて、今こうしてやっていることこそがすばらしいのだということに目覚めなさい、というわけです。

「何に縁《よ》ってか此の如くなる。古人云く、若し作業《さごう》して仏を求めんと欲すれば、仏は是れ生死の大兆《だいちょう》なり、と」

これは面白い言葉です。何か特別なことをして仏になろうとするならば、仏は迷いの一番の兆しになる、と言っています。「生死」とは「迷い」を指します。つまり、特別な聖なる仕事があってそれをやろうというのではなくて、毎日やっていることが尊いのだという見方です。

特別な場所に行って大きなプロジェクトを成功させることだけがすばらしいのでなくて、どんな営みも等価である。それなのに仏になろうとして特別な何かをしようとすれば、それが迷いの引き金となるというのです。そんな特別なことをするよりも日常の営みこそが尊いのだと。これが臨済禅師の「無事」という教えです。

ここで、問答を一つご紹介したいと思います。

馬祖のお弟子であった大珠慧海禅師に、あるお坊さんが質問をしました。その質問とは、「どうしたら悟りが得られますか」というものでした。それに対して大珠禅師が答えました。「**生死の業を造らざれ**」と。「生死」は「しょうじ」と読みますが、文字通り生と死のことです。今も触れましたように、生に迷い、死に迷うというのが人間の一番大きな迷いの根本です。そのため「生死」で「迷い」を意味するものとして用いられることが多いのです。この文脈でも、生まれて死ぬという直接的な意味ではなくて、「迷い」の意味で使われています。ですから、「生死の業を造らざれ」は「迷いを起こさないことだ」と言っているのです。

質問をしたお坊さんは「その迷いというのはいったいどういうものでしょうか」と聞きました。すると大珠禅師は「悟りを求めようとするのが迷いだ」と答えました。

悟りが遠くにあると思って、それを遠くに求めていこうとするのが迷いなのだ、と言ったわけです。それよりも自分の足元にあることに気がつけ、というのが大珠禅師の立場です。

自分が今目で見たり、耳で聞いたり、鼻で嗅いだり、舌で味わったり、感じてやっている日々の営みに悟りがある。そこに気がつかずに、穢《けが》れを取り除いて清らかなるものを求めようとする。日の当たらないところより日の当たるところに行きたいと考える。それが迷いなのです。

「**得有り、証有る、是れ生死の業なり**」と大珠禅師は言っています。「悟りだなんだと言っているのが迷いなのだ」ということです。そもそも本当に悟った人は「悟りだなんだ」とは言わないものなのでしょう。

この大珠慧海禅師とは馬祖禅師との問答で前にご紹介しましたが、このような立場がもとにあって、「無事」という臨済禅師の中核的な教えが出てくるのです。

●自己の尊さに目覚めればどこにいても主人公になれる

師、衆に示して云く、道流、仏法は用功《ゆうこう》の処無し、祇《た》だ是れ平常《びょうじょう》無事《ぶじ》、屙屎《あし》送尿《そうにょう》、

著衣喫飯《じゃくえきっぱん》、困《つか》れ来たれば即ち臥《ふ》す。愚人《ぐにん》は我れを笑うも、智は乃ち焉《これ》を知る。古人云く、外に向って工夫を作《な》すは、総べて是れ痴頑《ちがん》の漢なり、と。你且《しばら》く随処《ずいしょ》に主《しゅ》と作れば、立処《りっしょ》皆な真なり。境来たるも回換《えかん》すること得ず。縦《たと》い従来の習気《じっけ》、五無間《ごむげん》の業《ごう》有るも、自《おのずか》ら解脱の大海と為る。

臨済禅師が言いました。

「仏法は用功《ゆうこう》の処無し、祇《た》だ是れ平常無事《びょうじょうぶじ》、屙屎送尿《あしそうにょう》、著衣喫飯《じゃくえきっぱん》、困《つか》れ来たれば即ち臥《ふ》す」

仏法は何の造作も加えようがない。それはただ日常のままでいいのだ。大便をしたり小便をしたり、着物を着たり、ご飯を食べたり、疲れたならば横になるだけのことである。

「愚人《ぐにん》は我れを笑うも、智は乃ち焉《これ》を知る。古人云く、外に向って工夫を作《な》すは、総べて是れ痴頑《ちがん》の漢なり、と」

そんなことを言うと愚人は私を笑うだろう。しかし、智者ならばそこがわかるのだ。昔の人も「自分の外に造作を施すのは、みんな愚か者である」と言っている。

大事なのは次の言葉です。

「随処《ずいしょ》に主《しゅ》と作れば、立処《りっしょ》皆な真なり。境来たるも回換《えかん》すること得ず」

入矢先生の訳では「その場その場で主人公となれば、おのれの在り場所はみな真実の場となり、いかなる外的条件も、その場を取り替えることはできぬ」となっています。こういう目覚めがあれば、どんな場であろうと自分が主人公になることができるのだ、ということです。

ここにある「大便をしたり小便をしたり、着物を着たり、ご飯を食べたり、疲れたら横になるだけだ」という箇所を初めて読んだとき、私は「なんだ、こんなくだらないこと」と思いました。でもやがて、これは究極の救いになるのではないかと思うに到りました。なぜならば、これは、特別な何かができる人だけが尊いのではないということを教えているからです。

親の介護をしている人にこの話をしたことがあります。するとその方は言いました。「元気であった親が何もできなくなって、ああ、かわいそうだなと思っていましたが、私は仏様にお仕えしているんだと思うと救われる気がします」と。

たとえ我々が最後はベッドの上で大小便をして、誰かの手を借りて着替えさせてもらったり食べさせてもらったりして、疲れたら寝るだけの存在になったとしても、それがすばらしいのだという目覚めがあれば、その場で自分が主人公となることができるのです。それゆえ、こういう考えは人間の究極の救いとなると私は思うのです。

そんな自分の存在の根底を支えてくれるものがあれば、どんなところにあっても主体性を保っていくことができるというのが、臨済禅師の「随処作主」という教えです。たとえいろんな煩悩の名残りがあろうとも、そういうことは全く関わりないのです。

この「随処に主と作れば、立処皆な真なり。境来たるも回換すること得ず」という言葉について、山田無文老師はこのように説明されています。


そういう大きな主体性というものが分かるならば、物にとらわれることはない。どんな境が来ても、引きずられることはない。客観の世界は夢のごとく幻のごときもので、何もとらわれるものはない、と徹底するならば、物に動かされることはない。世界に使われることもないのだ。（『臨済録』山田無文・著／禅文化研究所）

この「境」とは「外の世界」のことですから、どんな環境がやって来ても、どんな世の中になろうとも、どんな状況になろうとも、引きずられることはないということです。

本文に戻ります。

「**縦《たと》い従来の習気《じっけ》、五無間《ごむげん》の業《ごう》有るも、自《おのずか》ら解脱の大海と為る**」

たとえ過去の煩悩の名残があったり、どんな悪業を犯した者であっても、そこからまた新たに解脱というものは有り得るのだ、という教えです。

お釈迦様の弟子の一人に無差別殺人を起こしたアングリマーラという人がいます。アングリマーラは、正気を失って九百九十九人を殺害して、千人目に殺そうとしたのがお釈迦様で、そこで改心して弟子になりました。そういう人でも解脱できるというのです。

この「五無間の業」というのは「五逆罪」と訳されます。

一、父を殺す。
二、母を殺す。
三、阿羅漢（仏教の聖者）を殺す。
四、仏教教団の和を乱す。
五、仏様の体を傷つける。

という五つの大悪業を五逆罪と言います。このような罪を犯したならば無間地獄に堕ちるというのが伝統的仏教の考え方です。無間地獄というのは「無限」ではなくて

「無間」です。苦しみに絶え間がない、苦しみ続けるという意味です。「阿鼻《あび》地獄」ともいいます。罪人は犯した罪の報いとして、獄中で猛火に身を焼かれ、極限の苦しみを味わうことになります。

しかし、そういう業を犯したとしても、自己の尊さに目覚めることができたならば、生き方を変えて、真っ当な人間として生きていくことができるというのです。だから、お釈迦様は無差別殺人犯も受け入れたのです。

ただし、そのアングリマーラは町を出たときに皆から石を投げつけられ棒で叩かれて虐殺されてしまいます。お釈迦様は言いました。「それは彼自身が為した行いに対する報いを受けたのだ。これは避けることはできない。しかし彼自身は真理を悟ることができたのだ」と。それがアングリマーラにとっての救いになったのです。

●「活潑潑地」とは滞ることなく常にぴちぴちと躍動していること

次の示衆に行きましょう。

大徳、你、衣を認むること莫れ。衣は動ずること能わず、人能く衣を著く。箇の

清浄《しょうじょう》衣《え》有り、箇の無生衣、菩提衣、涅槃衣有り、祖衣有り、仏衣有り。大徳、但有《あらゆ》る声名《しょうみょう》文句は、皆な悉く是れ衣変《えへん》なり。臍輪《さいりん》気海《きかい》の中より鼓激し、牙歯《げし》敲磕《こうかつ》して、其の句義を成す。明らかに知んぬ、是れ幻化なることを。

ここも面白い表現です。我々は悟りを求めるというようなことを言いますが、そんなものは着物に過ぎないんだと言っています。悟りだとか菩提だとか涅槃だとか仏だとかいうものは概念であって着物に過ぎない。下っ腹から空気を振動させ、歯をかち合わせて言葉となったもので、こんなものに実体のないのは明らかだというのです。本当の仏というのはその着物を脱いだところにあるのだという教えです。

ですから、禅の場合は悟りをも否定するわけです。悟りだなんだと自慢する人がいても、そんなものは服を着ているようなものだ、それは衣に詳しいだけのことだと説いています。その衣を脱いで素っ裸のあなた自身に仏の心が宿っているのだということです。

你若し生死去住、脱著《だつじゃく》自由ならんと欲得《ほっ》すれば、即今聴法する底の人を識取《しきしゅ》せよ。無形無相、無根無本、無住処にして活潑潑地《かっぱつぱつじ》なり。

ここに「**活潑潑地**」という臨済禅師の重要な教えが出てきます。ここを入矢先生は「君たちが、衣服を脱いだり着たりするように、自由に生死に出入したいと思ったら、今そこで説法を聴いている〔君たち〕その人が、実は形もなく姿もなく、根もなく本もなく、場所も持たずに、ぴちぴちと躍動していることを見て取ることだ」と訳しておられます。

あたかも服を着たり脱いだりするように、生まれて死ぬということから自由になりたいと思うのであれば、今この話を聴いているあなた自身がなんの姿も形もなく、何ものにもとらわれず、滞ることなく常にぴちぴちと躍動していることを見ることだというのです。

前にも言いましたが、この「活潑潑地」という言葉は広辞苑にも「極めて勢いのよいさま。気力がみちみちて活動してやまぬさま」と出ています。これがお互いの本来の心なのですが、なかなかそうはいかないのが人間です。

次の問答にも「活潑潑地」が出てきます。

大徳、你は鉢嚢屎担子《はつのうしたんす》を担《にな》って、傍家《ぼうけ》に走って仏を求め法を求む。即今与麼《よも》に馳求《ちぐ》する底《てい》、你還《は》た渠《かれ》を識るや。活潑潑地にして祇《た》だ是れ根株《こんしゅ》勿《な》し。擁《よう》すれども聚《あつま》らず、撥《はっ》すれども散ぜず。求著《ぐじゃく》すれば即ち転《うた》た遠く、求めざれば還って目前に在って、霊《れい》音《いん》耳に属す。若し人信ぜずんば、徒《いたず》らに百年を労せん。

「**鉢嚢屎担子**《はつのうしたんす》」とは、頭陀《ずだ》袋と糞袋です。頭陀袋とは荷物のことで、糞袋とはこの体のことを指しています。「あなたたちは、荷物とこの体を持ってあちらこちらと走り回って仏を求め、法を求めている。しかし、その求め回っている当の体について、あなたたちは知っているのか」と。つまり、あなたたちは仏や法を外にばかり求めているが、そのあなた自身がぴちぴち躍動しているすばらしい仏そのものではないかと言っているのです。

銘々は尊い主人公であるという話をしました。その主人公に、あなたは必ず巡り会うことができるのです。以前に「努力をしていれば会うことができるのですか」というご質問をいただいたことがありますが、求めて行って会うのではありません。求めて行った私自身が尊い主人公であり仏であったと気がつくのです。求めた結果、対象物として出会うのではなくて、求めて行ったこの私が仏だったということに目覚めるのです。

「擁《よう》すれども聚《あつま》らず、撥《はっ》すれども散ぜず」

それは手で掻き集めることもできず、払い散らすこともできない。この宇宙に充満しているすばらしい働きなのであると臨済禅師は説いているのです。

●迷いの世界は人間の心がつくり出す

次の段落に行きましょう。

道流、你、若し如法《にょほう》ならんと欲得《ほっ》すれば、直に須らく是れ大丈夫児にして始めて得《よ》し。若し萎萎随随地《いいずいずいじ》ならば、即ち得《よ》からず。夫れ𧄼嗄《ぜいさ》の器の如きは、醍醐《だいご》を貯うるに堪えず。大器の者の如きは、直に人惑を受けざらんことを要《ほっ》す。随処に主と作《な》れば、立処皆な真なり。

但有《あらゆ》る来者は、皆な受くることを得ざれ。你が一念の疑は、即ち魔の心に入るなり。菩薩の疑う時の如きは、生死の魔便《たよ》りを得。但だ能く念を息《や》めよ。更に外に求むること莫れ。物来たらば即ち照らせ。你は但だ現今用うる底《てい》を信ぜよ、一箇の事も也《ま》た無し。你が一念心は、三界を生じて、縁に随い境を被《こうむ》って、分れて六塵と為る。你如《い》今《ま》応用する処、什麼《なに》をか欠少《かんしょう》す。

「若し如法《にょほう》ならんと欲得《ほっ》すれば、直に須らく是れ大丈夫児にして始めて得《よ》し」

正しく修行していこうと思えば、大丈夫の志がなければならない。

これは、強いやる気を持った人間でなくてはならないということです。

「若し萎萎随随地《いいずいずいじ》ならば、即ち得《よ》からず」

「萎萎」は萎《な》える、草木がぐったりとする様子です。どういうわけか臨済禅師からご覧になると、当時の修行僧たちの多くが「萎萎随随地」気力が萎えて人に言われるままの状態になっていたようです。そんなことではだめだと言っています。

「夫れ甄嗄《ぜいさ》の器の如きは、醍醐《だいご》を貯うるに堪えず」

この「甄嗄の器」ですが、「甄」はひびが入ること、「嗄」は嗄《か》れることで、「ひびの入った器」という意味になります。そんな器には醍醐というすばらしい味わいのあるものを盛ることはできない。だから、あなた方はもう少し意欲を持ってほしいと言っているのです。

そのために具体的に為すべきことを臨済禅師はこう説かれています。

「但有《あらゆ》る来者は、皆な受くることを得ざれ。你が一念の疑は、即ち魔の心に入るなり」

外からやってくる者はすべて受けつけるな。一念の疑いが起これば、魔というものが心の中に侵入してしまって気力が萎えてしまうのだ、と。

「受けつけるな」というのは「惑わされるな」という意味でしょう。外からやって来る者に振り回されるな、と言っているのです。

ではどうしたらいいのか。臨済禅師はこう示しました。

「物来たらば即ち照らせ」

なんらかの状況が外から押し寄せてきたならば、まず自分が正しい智慧を持って照らしなさい。

「你は但だ現今用うる底《てい》を信ぜよ、一箇の事も也《ま》た無し」

あなたが今働かせているもの、それがすばらしい平常無事であることを信じなさい。そうすれば、こちらに無限の可能性があるのだから必ず対応することができる。

「你が一念心は、三界を生じて、縁に随い境を被《こうむ》って、分れて六塵と為る。你如今《いま》応用する処、什麼《なに》をか欠少《かんしょう》す」

ところが、これはそう簡単なことではないのです。というのは、この一念の心が三界とか六塵といった迷いの世界をつくり出すからです。神様がこの世界をつくって、そこに我々が放り置かれたというのではなくて、私たちの心が迷いの世界をつくり出すのである、と。

●どんな環境も主体性を持って自由に使いこなすことができる

では、「随処に主と作る」とは具体的にどういうことなのか。いろんな状況が来たときに智慧の光で照らすとはどういうことなのか。次の段にはそれについて説かれています。

問う、如何なるか是れ四種無相の境。師云く、你が一念心の疑、地に来たり礙《さ》えらる。你が一念心の愛、水に来たり溺らさる。你が一念心の瞋《しん》、火に来たり焼かる。你が一念心の喜、風に来たり飄えさる。若し能く是《かく》の如く弁得せば、境に転ぜられず。処処に境を用いん。東涌西没《とうゆうせいもつ》、南涌北没、中涌辺没、辺涌中没、水を履《ふ》むこと地の如く、地を履むこと水の如くならん。何に縁《よ》ってか此《かく》の如くなる、四大の如夢《にょむ》如幻《にょげん》に達するが為の故なり。道流、你が祇《た》だ今聴法するは、是れ你が四大にあらずして、能く

你が四大を用う。若し能く是の如く見得せば、便乃《すなわ》ち去住自由ならん。

臨済禅師は「**四種無相**」四種の迷いというものが我々の世界にあるのだと説いています。それは「疑」「愛」「瞋（怒り）」「喜」です。ここで言う「愛」とは愛着とか執着のことで、いい意味では使っていません。「喜」も、心が舞い上がってしまうという悪い意味の喜びです。

我々の心は地面のように固まってしまって、「自分にはそんなことはできない、無理だ」と自信を失い、疑いの状態になってしまう。愛欲の水に流されて溺れてしまう。怒りの火に焼かれてしまう。褒められたり、よい評判を得たりすると風に煽《あお》られていい気持ちになってしまう。

しかし、それらは皆、生じては変化して、やがて消えていくものだ。それらのものは単に条件によって迷いが起きているだけで、条件が収まれば必ずやんでいくものであることを知りなさい、と。

風というものは気圧の高低差によって空気の流れが生じただけです。私たちの疑いや執着や怒りや有頂天になって調子に乗る心の働きも、様々な条件によって引き起こされているものに過ぎません。やがては収まり、やんでしまいます。やまない風はありません。

また、どんな分厚い氷でも溶けない氷はありません。「日の恩や忽ちくだく厚氷」という句がありました。分厚い氷だと思っていても、お日様の光が照らしていけばジワジワと溶けていくのです。

そのように、どんな事象であろうと、生まれたものは必ず変化して、やがては消えていきます。どのような環境の変化が来ても、これはどういうわけでこういう状況になっているのかを冷静に理解できれば、時々の状況に振り回されることはないし、むしろその環境をこちら側が主体性を持って自由に使いこなすことができるのです。これが「随処に主と作る」ということです。

私たちを構成しているのは、地・水・火・風という四つの元素です。肉体は地面の要素、血液や体液は水の要素、体に熱があるのは火の要素、呼吸をするのは風の要素です。こういう四つの元素によって私たちは成り立っていると言われます。

でも、それらは「**如夢《にょむ》如幻《にょげん》**」夢の如く幻の如きものです。私たちの心はそんな四つの構成元素によって振り回されるものではなくて、それらを使いこなしていく主体性を持ったものです。そんな主体性があると気がつくことができたならば、それこそ「**去住自由**」死ぬも生きるも自由という心境にまで至ることができるのです。

●すべてのものに嫌うべきものはない

山僧が見処に約せば、嫌う底《てい》の法勿《な》し。你若し聖を愛すれば、聖とは聖の名なり。一般の学人有って、五台山裏に向《お》いて文殊を求む。早く錯《あやま》り了《おわ》れり。五台山には文殊無し。你、文殊を識らんと欲するや。祇《た》だ你目前の用処、始終不異《しじゅうふい》、処処不疑《ふぎ》なる、此箇《これ》は是れ活文殊なり。你が一念心の無差別光は、処処総べて是れ真の普賢なり。你が一念心の自ら能く縛《ばく》を解いて随処に解脱する、此《これ》は是れ観音三昧の法なり。互に主伴と為《な》って、出づるときは則ち一時に出づ。一即三、三即一なり。是の如く解得《げとく》して、始めて看教《かんきょう》するに好《よ》し。

最後にもう一つ申し上げたいと思うのは、「嫌う底《てい》の法勿《な》し」という臨済禅師の言葉です。これは「嫌うものはない」という教えです。臨済禅師は「すべてのものに嫌うべきものはないのだ」と言って、そのことをさらに具体的に説き進めるというよりも、「みんな仏を外に求めようとするが、その必要はないのだ」ということを話していきます。

中国では五台山という場所は文殊菩薩の霊場でした。文殊菩薩は智慧の象徴です。修行者の中には、五台山に行って文殊菩薩にお目にかかろうとする者がいました。しかし、それは違うのだと臨済禅師は言います。よそに行って文殊菩薩を拝むより、あなた方が本来持って生まれた智慧が活きた文殊なのだと。

普賢菩薩も仏教の大事な仏様で、慈悲を司ります。しかし、それも外にいるのではなくて、あなた自身の慈悲の心、慈しみの心が本当の普賢菩薩なのだ、と。あるいは、観音様をお参りに行こうとするけれども、あなた自身が正しい智慧を持ち、周りの人に対して慈しみの心を持って手を差し延べる行為をすることが本当の観音様なのだと言うのです。

「一即三、三即一なり」というのは、この三つの仏は元来一つなのだということです。仏とは「智慧」と「慈悲」と「具体的な実践行」の三つからなります。具体的な実践をするには勇気が必要ですから、この三つは儒教の「智」「仁」「勇」の論理とも通じ合います。「智」「仁」「勇」の三つを具えた者が仏教では「文殊」「普賢」「観音」の三つを具えた者であり、これが仏という人格なのです。そして、これは外にあるわけではなくて、すでに皆が銘々持っているものだというのです。

唯《た》だ道流、目前現今聴法底の人のみ有って、火に入って焼けず、水に入って溺れず、三塗地獄に入るも、園観《おんかん》に遊ぶが如く、餓鬼畜生に入って而も報を受けず。何に縁ってか此の如くなる。嫌う底《てい》の法無ければなり。你若し聖を愛し凡を憎まば、生死海《しょうじかい》裏《り》に沈浮せん。煩悩は心に由るが故に有り、無心ならば煩悩何ぞ拘らん。分別取相《ふんべつしゅそう》を労せず、自然《じねん》に得道須臾《とくどうしゅゆ》なり。你、傍家波波地《ははじ》に学得せんと擬《ほっ》せば、三祇劫《さんぎごう》の中に於いてすとも、終《つい》に生死に帰せん。如《し》かじ無事にして、叢林《そうりん》の中に向《お》いて、牀角頭《じょうかくとう》に脚を交えて坐せんには。

仏は銘々がすでに持っているものだと気がついたならば、どんな火の中に入っても焼けることはないし、水の中に入っても溺れることはないし、たとえ地獄に落とされたとしても遊園地で遊んでいるようにそこで遊んでくればいいのだ、と。

普通ならば、地獄からいかに逃れるかということを説くところですが、地獄すら恐れることはない、そこへ行って遊ぶぐらいの気持ちでなければならない。それくらいすべてのものに嫌うべきものはないのだと言っています。

「**聖を愛し凡を憎まば、生死海《しょうじかい》裏《り》に沈浮せん**」

悟りを愛し迷いを憎んだならば、そういうことを繰り返して永遠に迷いの世界に浮き沈みすることになるのだ、と。

最初に私の失敗談をお話ししました。「これは尊い修行だ、これは雑事だ」と勝手に決めて、尊い修行を愛し雑事を憎んだならば、永遠に迷いの海に浮き沈みすることになってしまうのです。そうではなく、すべて仏の現れと見る。それが大きな目覚めなのです。

「煩悩は心に由るが故に有り、無心ならば煩悩何ぞ拘らん」

煩悩は心によって生じるものだから、無心であれば煩悩の拘束もない。

「如《し》かじ無事にして、叢林《そうりん》の中に向《お》いて、牀角頭《じょうかくとう》に脚を交えて坐せんには」

そんなことより、何もすることなしに道場の中で脚を組んで坐っているのが一番だ。これが今回の示衆で臨済禅師の言わんとする結論なのですが、これも坐っていれば居眠りをしていてもいいということではありません。自分の外に仏を求めるのではなくて、坐っている自分自身に智慧と慈悲と勇気の働きが元来具わっていることに目覚めよ、という教えにほかなりません。

というわけで最初に掲げたように、示衆からは「自信」「無事」「随処に主と作る」「活潑潑地」「嫌う底の法勿し」という五つのことを学びました。それがどういうことなのか、今回の最後に改めてまとめておきたいと思います。

まず「自信」というのは、仏は外にあるのではなく、自らの心こそが仏だと信じることです。仏様を求めて外に行く必要はない。あるいは、特別尊い行があるわけではないのです。

もっとも仏教の宗派の中でも特別な修行をなさる行者さんもいらっしゃいます。それを批判することはいたしませんし、尊いことであると思いますが、我々禅の立場では、毎日の些細な一つひとつのことが皆、仏の行いであると考えます。だから何も外に求める必要はないのです。それが「無事」ということです。

そう気がついたならば、どんな場でも主となって生きることができます。これが「随処に主と作る」です。同時に、「活潑潑地」いきいきと働くことができます。すべてのものに嫌うものはないのですから、何もえり好みをすることはない。これが「嫌う底の法勿し」ということです。

この五つが示衆の中で臨済禅師が説いておられるところです。今日皆さん方にお伝えしたかったことは、この五つにまとめることができるのではないかと思っております。

第五講

いきいきと生きる——『臨済録』の実践

●年老いても活潑潑地で生きていくための心構え

今回は最終講となります。最初に、いつものようにいくつかの質問に答えていきたいと思います。まず一つ目は「活潑潑地」についてです。「日々をいきいきとした心で生活できれば自分も周囲の人もどんなにか明るく気持ちよくいられるであろうかと思うけれども、年老いても活潑潑地で生きていくためにはどのような心構えでいけばいいのであろうか」というご質問です。

確かに年齢に伴って体力、気力が低下していくことは否定できません。また肉親や親しい人との別れもあるのが人生です。年老いて自分では元気なつもりでいるけれども、やはりもう三十代、四十代の頃のようにはいきません。

私も自分の周りにいるお坊さんたちはほとんど二十代です。彼らの倍以上生きておりますから、彼らと接しておりますと、衰えというほどではありませんけれども、やはり違いを感じます。

たとえば、隣りの部屋に探し物に行って、隣りの部屋に着いたときには、「あれ？何を探しに来たのだったか」と。もう一回もとの部屋に戻って、そこで思い出すというようなことが出てきております。だんだんとこうなるのかなと思うのですが、「年老いてもいきいきと生きるには」という質問は、私自身にとってもこれからの課題だと思っております。

私は日々いろいろな方々にお目にかかる機会があります。年をとってもいきいきと生きていらっしゃる方は何が違うのだろうかなぁとしみじみと思います。禅宗のお坊さんはどうなのかというと、必ずしも皆が皆、晩年が充実しているとは限らないと思います。年をとるということは、禅宗のお坊さんでも大変です。ネガティブな部分は表には出さないようにしておりますから、一般の方々はお坊さんが晩年に大変な思いをしているという話を聞くことは少ないと思います。

我々が耳にしたり話をしたりして公にするのは、だいたいがいい例です。たとえば松原泰道先生は百二歳でお亡くなりになりましたが、臨終の三日前まで法話をしていたというようないい話はいたします。その一方、高名なお坊さんの認知症の問題などについては語りません。

しかし、語らないとしても現実にはそういう負の部分があることは否めません。時にはあんな立派な老師と言われた人がどうしてこうなるのかなというようなこともございます。かといって松原泰道先生のように、最後まで現役で見事な臨終を遂げられるような方もいらっしゃる。その違いは何であろうかというのを、私も一所懸命研究をしております。

漏れ聞くところによれば、五木寛之先生はもともと夜にお仕事をするそうですが、コロナ禍になって夜の街が閉まっているものですから昼間に仕事をし始めたそうです。けれども、「日刊ゲンダイ」の連載を今も続けておられますし、変わらず頭脳明晰です。何が違うのかなということを思って見ております。

最近、こういうことが大きいのかなと思ったことがあります。この間（二〇二一年）、福地茂雄先生と鈴木秀子先生と私と三人で、致知出版社の新春講演会の収録を円覚寺で行いました。寺というのは寒くて、ストーブを入れましても隙間風が入ってきます。その日も本当に寒くて、スタッフの人たちも寒い寒いと言っていました。私が感銘を受けたのは、福地先生は米寿に近いと思いますし、鈴木先生は米寿を越えておられると思うのですが、「寒い」と一言もおっしゃらなかったのです。たぶん寒いとは思っているのだろうと思いましたけれども、それを口にしない。人間の違いというのはこういうところにあるのかなと思いました。

特に鈴木先生は、寒いと言うどころか、「お寺の皆さんにこんなに親切にしていただいて、こんなに準備をしていただいて、ああ、ここへ来てよかったよかった」と感謝の言葉しか言わないのです。これにはなるほどなと感心いたしました。

当日は、いくつかの質問があらかじめ用意されていました。私はそれについて自分の言いたいことをＡ４の紙にまとめていました。福地先生も本やメモ用紙を用意されていました。ところが鈴木先生は何も持っていないのです。ああ、忘れているのかな、まあ忙しい先生だからかなと思っていたのですが、いざ始まってみると、何も見ずに質問に要領よく答えられました。きちっとまとまった、そのまま文章にすれば原稿になるような話をされたのです。

あの聡明さというのも、決してネガティブなことは口にしないとか、いつも感謝の言葉に溢《あふ》れているとか、こういうところから違ってくるのではないのかなと思いました。

鈴木先生はその日も電車に乗って来られました。駅から歩いて階段もすいすいと上っておられました。だいたい脚から衰えると言われますけれども、衰えが見られないのです。お伺いしたところ、このコロナの間も、毎日一万歩散歩するのだそうです。「一万歩というとどのくらいの時間ですか」とお尋ねすると、「二時間は歩いています」と言われました。筋肉は使わないと衰えていきますから、自分で気をつけておられるのです。

天台宗の堀澤祖門先生などは鈴木先生よりもうちょっと年上ですけれど、筋肉体操といって腕立て伏せ五十回、スクワット五十回などの一連の運動を毎朝必ずやっているそうです。筋肉というのは、使えばある程度は維持できるようですから、やはり衰えない人というのは、そういう努力を見えないところでしているのだなぁと思いました。そして、マイナスなことは言わないし、思わない。常に有り難いという言葉だけを発している。これはすばらしい生き方だと思いました。年をとっても福地先生や鈴木先生のようになっていけるといいなと、この間つくづく思ったのでございます。お二方に接して、そんなことを学びました。

●感情の波を止めようとせず、それを上手に利用する

次の質問に行きます。「明鏡止水という言葉がありますが、鏡のように心の表面が波立たないようにするにはどうしたらいいのか。坐禅で呼吸を見つめるという以外でも実践できる方法はないか」というご質問です。

この「呼吸を見つめる」というのは、どんなところでも応用がききやすい方法です。坐禅という形でなくても、立っていても、歩いていても、あるいは横になっていても、呼吸は絶えず続けています。呼吸がなくなったら死んでいるということですから、生

きている限りなくなることはありません。ですから、「呼吸を見つめる」というのは極めて優れた方法だと思います。

それ以外に実践しやすい方法で私が一番勧めたいと思うのは、今の鈴木先生ではありませんが、歩くことです。コロナ禍の中であまり外へ出にくいと言われるかもしれませんが、ウイルスというのは空中にいっぱい飛んでいるわけではございませんので、人との接触を避けて歩けば全く問題はありません。

そのときにいろいろなことを考えながら歩くのも悪くはないですし、どうせ考えるのであれば良いこと、有り難いことを考えながら歩けばいいと思います。もしも坐禅の瞑想に近いような状態にしようと思えば、ただ足の動きだけに意識を置けばいいでしょう。右足が出た、左足が出た。右足、左足、右足、左足……と足の動きだけを感じながら歩いていると、坐禅で呼吸を見つめるのに等しいぐらい静かな気持ちになります。

しかし、波立っている心を静めようとするのも一つの方法ですが、もっと大事なことは、波立っている波も水であると気がつくことです。波を止めようとするのではなくて、波立っている状態でも止まっている状態でも同じ水でしかない、ということに気がつくことなのです。

腹を立てたり心が乱れたりというように、感情の振幅が激しいのは確かによくありません。それをある程度止めることは必要ですが、そのときに、波を抑えるのではなくて、波は水であると気がつく。水は我々の命のもとですから、我々を乱している感情も実は仏の心と同じなのです。そこに気がつくと、その波を上手に利用していくことができるようになります。

感情をなくすことを考えるのではなくて、感情を上手に利用するのです。たとえば怒りというものは、なかなかなくなるものではありません。しかし、完全に怒りがないという状態もまた難しいのです。最近、釈宗演老師の本を読んでいて、なるほどと思うことが書かれていました。

「怒りというのは無くなるものではない。しかしその怒りの対象に気をつければいいだけだ。人に対して怒るからこれが問題になる。自分自身に対して怒ることである」というのです。昨日の自分に対して、「これではいけない」と憤りを発し、自分自身に対して怒っていく。それならば自己を向上させていこうという、自己修養の大きな原動力にもなります。

だから、怒りを全部なくしてしまおうとするよりも、あえて言えば、燃料の火のようなものだと考えて上手に生かしていくほうがいいのかなと思います。

そのためには、感情を波立たせないというよりも、その波立っている心もすばらしい心なのだと肯定的な見方をすることです。私などはそのように気をつけております。

もう一つ、「管長はいろいろ多く学ばれていらっしゃると思いますが、どういう人生を歩まれたいですか、どういう管長でありたいですか」というご質問がありました。これは大変いい質問です。今回の講座の第一回に馬祖の教えの話をしましたけれど、修行とは何かに到達することを目標に行うものではなくて、日々あるがままの心の状態でいることがすべてなのです。

理想を設定してそれに向かって努力をしようというあり方も否定はしませんが、それにとらわれていると、いつまでも達成できないというジレンマ、葛藤がつきまといます。ですから、私はこんな管長になろうという目標を掲げるのではなくて、こんなものでよかろうと思っているのです。日々の私の暮らしはこんなものなのだから、これが私の管長としての姿である、と。

ですから、どこかに到達して何かを達成しようというよりも、日々の自分のありのままでいいというのが、私がこの頃思っていることです。それだと進歩向上しないのではないかという問題もありますから、高い目標を掲げてそれに向かおうという気持ちを持つことは大事ですけれども、それと同時に、日々のありようのままでいいんだという思いなのです。

それは最近よく言われる自己肯定感、セルフコンパッションというものでしょう。私なんか、だいたい人生五十何年も経ってきますと、もうこれ以上進歩しないなと思いまして、これからもこんなもので行くのだろう、これでいいのだろうと思っているのです。

●自己のすばらしさに目覚める

では、本日のテーマに入っていきたいと思います。今日もいろいろお話ししていこうと思いますが、まずもう一度、全体を振り返ってみることにします。

第一回の「『臨済録』に到るまで」では、馬祖道一の馬祖禅について学びました。スヌーピーの話もしました。特別、犬として立派なことをするわけではないけれど、犬として毎日ご飯を食べたり寝たり起きたりする姿、その活動がそのまま犬なのだという話を思い出していただければ有り難いと思います。仏というもの、理想とするものを遠くに掲げるのではなくて、それは既に私たちの上に具わっていたのだという大きな転換が『臨済録』に到るまでにあったのです。

第二回では、臨済禅師がそのようなすばらしい自己に目覚めるまでのお話をいたしました。第三回では、真の自己とはどういうものかというお話をしてまいりました。それは地位や名誉や財産の多寡や学歴といったものによって限定されるものではないということです。第四回では、常に正しい見解を持つということを『臨済録』の「示衆」から学びました。

今日は最後の回ですので、今まで学んできたことをどのように実践していくかということを学びたいと思います。私たちが『臨済録』から学びたいことは三つにまとめることができます。

①自己のすばらしさに目覚めて、
②どんなところでも主体性を持ち、
③いきいきと生きる。

この三つの姿勢を学びたいのですが、今日は最後の「いきいきと生きる」ということがテーマになります。

自己のすばらしさに目覚めるといっても、それは決して社会的立場といいましょうか、自分は昭和何年の生まれで何歳であって、どこどこの大学を出て、どこどこの会社にいて、取締役であるとか専務であるとかいう肩書きを持っている自分のことではありません。また、家にあっては父親であったり、母親であったり、旦那であったり、妻であったり、親が生きていれば子どもであったりしますし、同窓会に行けば同窓会の仲間の一員というような、現実の様々な立場を持っている自分のことでもありません。私としての本質、真の自己、自己のすばらしさに目覚めるということは、本当の自分自身に出会うことです。それは命そのものというような言い方をしてもいいのではないかと思います。本当の尊厳を持った自己のすばらしさに目覚めるのです。

それを臨済禅師は、ご飯を食べたり、服を着たり、疲れたら眠ったりという、人間の生きている一番の根本のところに見ました。その本当の自己というものは、学歴で差別されたり、財産の多い少ないで評価されたりもしない。なんら外から評価されることのない自分です。それは外にある立場や肩書きがなくなっても残るものです。

現実の肩書きや役割などが自分のすべてだと思っていると、もしそれを失ってしまうと不安と動揺と恐れしか残りません。しかし、そういうものを全部失ったとしても、生きているだけで尊いとか、息をしているだけで十分幸せであるというような、本当の自己のすばらしさに目覚めていれば、動揺することはないのです。我々には、どんなに動揺していてもそれを根底から支えてくれるものがあります。そのことに気づきたいものです。

お互いが年をとり、病気になったりして、やがて死を迎える。これは、すべてこの現象としてのことです。そのような自己がすべてだとしか思わない生き方をしていれば、この世の中を生きることはますます不安になります。

そこで不安になっているところをさらに別の材料で埋めようとします。たとえば、財産で埋めようとしたり、名誉で埋めようとしたり、あるいは権力で埋めようとする。でも、いくらそういうことをやっても、いずれまた失われていきますから、永遠に不安は消えません。

不安をなくそうと思うのなら、本当の自己に出会い、その自己のすばらしさに目覚めることが大事なのです。

●真の自己に目覚めて生きることが一番の喜び

先にも言ったように、現実の自己、現象としての自己には様々なものがついてまわります。それは名前や年齢、性別、職業、地位、名誉などです。プライドというものもありましょう。そういうものが失われていく過程で人間は苦しむのだと思います。しかし、それらすべてを失っても、本当の自己は何も変わることはないのです。年をとっていくことは全部が失われていく過程なのでしょう。しかし、それでも絶対に消えないものがあります。それこそが本当の自己なのです。

本当の自分、本来の自己というのは、いのちそのものであると言っていいでしょう。そのいのちに目覚めて生きることが、人間の活動の基盤を一番根底から支えているのです。お互い人生において本当に出会いたかったのは、ほかの誰でもない、本来の自己なのです。いろいろな人に出会うことも大事な尊いことでしょうけれども、本当の自分に出会うということこそが一番の喜びなのです。

こういう目覚めがあれば、どんなに現実の自分がたいへんな目に遭ったとしても、社会的地位や名誉などが失われていったとしても、そこに呼吸をしているだけで、そこにじっと微笑んでいるだけで、そこにじっとただ生きているだけで、十分私は満足をしているのです。そういう人のことを『臨済録』では「無事の人」と言いました。

「いや、それじゃつまらない」というのではなくて、「それがすばらしい」という見方をしていれば、現実の自己がいろいろなものを失っても動揺することはありません。そういう「無事の人」を、臨済禅師は「仏」と言ったのです。

仏教の中で「仏」という概念が10の50何乗という、何百回も何千回も何万回も生まれ替わっても到達できないものとされてしまったことに対して、臨済禅師は「仏はそんな遠くにあるものではなくて、自分自身のことなのだ」と言いました。それに気がついた人が「無事の人」であり、その人自身が仏なのだと説かれたのです。これは当時の仏教学の伝統から言えば、実に驚くべき画期的なことでした。

そして、本当の自己に目覚めていれば、何もいらないのだということに目覚めて、いきいきと生きていく様子が「活潑潑地」です。この「潑」という字は「鱍」と書く場合もあります。魚偏を書くのは新鮮な魚がぴちぴちと跳ねている様子から来たという説があります。

広辞苑には「活潑潑地」とは「極めて勢いのよいさま。気力がみちみちて活動してやまぬさま」とあります。その活動は大きな活動ではなくても、いよいよ寝たきりのベッドに横たわっていてもにっこりと微笑む、というようなところにもあるのではないかと思います。

臨済の教えは、そういうことに目覚めて、いかなる状況、いかなる環境に置かれても、自らが主人公となって主体性を持っていけば、その場その場が真実なのだということなのです。

ここまでが前回までに学んできたことです。

●人間の成長を四つの場面で表した「四料揀」

ここからが実践篇となります。

あるときに学生さんから「主体性を持つこととわがままになることはどこが違うのでしょうか?」という質問を受けました。おそらくその学生さんは、主体性を持って生きることが大事だと聞いて、そうしようとしていたら、「わがままばかり言うんじゃない」と言われたのではないでしょうか。それで主体性とわがままの違いがわからなくなって質問をしてきたのではないかと思うのです。

確かに、「これは自分が主体性を持って決めて、自分でやっていくんだ」と言ってやっていたら、周りの人から「そんなわがままばかり言っていてはだめだ」と叱られるようなことがあるかもしれません。

果たして主体性を持つこととわがままになることはどう違うのでしょうか。これについて、臨済禅師は具体的に教えてくれています。「四料揀《しりょうけん》」という四つの立場があるというのです。

有る時は奪人不奪境《だつにんふだっきょう》、
有る時は奪境不奪人《だっきょうふだつにん》、
有る時は人境倶奪《にんきょうぐだつ》、
有る時は人境倶不奪《ぐふだつ》。

『臨済録』の本文には、それぞれどういうことなのかが古い中国の漢詩を使って表現されていますが、ここでは文献的な説明はおいて、これがいったい何を示しているのかを見ていくことにします。

ここにある「人」というのは「主観、我、私」です。そして「境」というのは「客観、外の世界」です。つまり、この「四料揀」は、人間が生きるときに、私が私以外の外の世界とどう関わるかということを表しているのです。

まず会社に行けば、私と会社の関わりがあります。学校に行けば私と学校、家庭にいれば私と家族、町内会ならば私と町内会など、それぞれ関わりがあります。私がそういう外の世界とどのような関係を保っていくのか。人間が生きていくということはそういうことだと思います。

外の世界が全くない閉じた世界でただ一人だけ自分の好きなことをやって生きるということはまずあり得ません。特に現代社会では不可能だと思います。私たちは絶えず外の世界と関わり続けます。

その関わり方を臨済禅師は四通りに分けました。しかも、その四通りが人間としての成長、人間としての学びの進化の過程につながっていることを説いてくださっています。

①奪人不奪境

最初は「奪人不奪境」です。「奪人」の「人」は「私」です。「境」は「世界」ですから、「奪人不奪境」は「私を否定して、外の世界は奪わない」ことを表します。写真を見てください。これはうちの修行道場の写真です。悪いことをして罰則を科せられているわけではありません。これはお互い合意の上でやっていますから別段問題にはならないのですが、これは修行道場に入門をお願いするときの写真です。草鞋《わらじ》を履いて、玄関の敷居に願書を置いて、「どうか入門をお許し下さい」と窮屈な姿勢で頭を下げます。それが丸二日間です。一時間や二時間ではなく、丸二日間こうして頭を下げ続けるのです。それをしないと道場には上がれません。

なんのためにこんなことをするかと言えば、自分を否定するためです。より正確に言うならば、自己に関する誤った概念、思い込み、とらわれ、執着を否定するのです。たとえば、「ああ、俺はこんなもんだ」「自分はこれまでいろいろ学んできて、こういう知識を持っているんだ」といった思い込み、とらわれ、執着を一度否定するところから修行の道は始まっていきます。

奪人不奪境

鈴木大拙先生はこう言われています。

力が、表面は強く、抵抗しがたく見えながら、実はみずからを枯渇させるものであるのに反し、愛は自己否定を通して、つねに創造的である。（『禅』鈴木大拙・著　工藤澄子・訳／ちくま文庫）

あまりにも個々人が自己を主張し過ぎると、結局はその反動を受けることになります。行き過ぎた個人主義は力というものを強くしてしまいます。調子がいいときはそれでもいいのでしょうが、必ず反動があります。自己中心的な生き方は、他人を支配しようとします。すると、ますますこれは難しい問題を引き起こすことになります。

大拙先生は、力というものは「表面は強く、抵抗しがたく見えながら、實はみづからを枯渇させるものである」と言われていますが、その通りだと思います。どこかの大統領ではありませんが、表面は強く見えながら、しかし内面を枯渇させていくような姿も我々は目にしています。

大拙先生のこの言葉を取り上げたのは、本当の愛というものは自己否定を通して創造的に現れてくるものだということを考えてみたかったからです。

つまり、一旦自分自身に対する思い込みを否定するところから現れてくるのが真の愛情であって、自己主張の延長にある愛情というのは真の愛情とは言い難いものだと思うのです。下手をすると、そういう愛は相手を追っかけ回したりするような歪《ゆが》んだものになりかねません。そうならないためには、やはり自己否定というものが必要なのです。それを通した愛でなければならないと思うのです。

ですから、我々の修行は、この自己否定をしてから道を求めていくのです。これはおそらく、どんな社会でも同じでしょう。新入社員が最初から自分のやりたいことをできるわけではありません。最初は自分を出さずに、その会社の様子とか先輩の教えとかを謙虚に学ぶことが求められるでしょう。「自分を否定して、外の世界を否定しない」というところから始まるのです。

②奪境不奪人

しかし、自分を否定するだけでは、どんな人間でも嫌になってしまいます。ときには外の世界を否定して、自分を否定しない「奪境不奪人」が求められます。

たとえば私どもの世界では、坐禅とは自分自身の世界です。周りの人や先輩からとやかく言われることは一切ありません。坐禅をすれば自分がこの世界の中心です。

奪境不奪人

これは会社でもおそらくそうでしょう。最初は自己を否定していろんな仕事を覚えるのでしょうが、一旦「この仕事を任せる」と言われ、自分がやりたい仕事のプレゼンをするようになれば、それはもう自分自身の世界で、自分を思い切って表現することができるのではないでしょうか。ですから、自己否定をする期間と、その否定を通じて学んだことを自分が主張してもいい期間があるのです。そのときそのときに応じて自己否定するときと、自己を大いに主張できるときとがあるのです。

③人境俱奪

その二つの関係性はどうなっているのでしょうか。自己否定と自己主張だけだと平面的なもので終わってしまいます。そこで禅や臨済の場合は、もっと奥行きを出していきます。これが「人境俱奪」です。自分も外の世界も共に奪った世界、自分も外の世界も否定して何もなくなった世界です。これを禅では象徴的にグルグルと丸を描いて表します。一円相です。

人境俱奪

坐禅にしても一所懸命呼吸にだけ集中をすると、だんだん外の世界が消えてしまうと言いましょうか、何も聞こえなくなり、何も見えなくなってきます。さらに呼吸だけに集中していますと、自分も消えてしまって、ただ空気だけが風のように動いているのを感じます。

そして、とうとう主観である自分も客観である外の世界も皆なくなって、この広い世界がただ一枚になります。「我もなく　人もなければ大虚空　ただ一枚の　すがたなりけり」という歌がありますけれども、この一枚になった世界を「空」とか「無」という言葉で表現するのであろうと思います。

この丸は『十牛図』の八番目の丸と一緒です。

④人境倶不奪

人境倶不奪

自分も世界もなくなったからといって、そこに止まるのではありません。そこを通じて、今度は自分も外の世界も共に生かしていく。両方とも否定しないという世界が現れます。

この写真は年の暮れに餅を搗《っ》いているときの姿を写したものです。自分も一所懸命ワイワイ皆と一緒に楽しんで餅を搗くし、皆もワイワイ楽しみながら餅を搗いています。自分を否定したり外の世界を否定したりということを通じて、最後は自分も楽しみ、外の世界も一体になって楽しむという世界が現れます。「我も生かし、人も世界も生かす世界」が現れてくるのです。これが「人境俱不奪」です。

以上のように、人間の成長には四つの場面があるのです。

●今はどんな場面なのかを理解し、主体的に場面を切り替えていく

そこで主体性の問題に戻りますと、主体性を発揮するとはいつも自己主張するということではないのです。今、四つの場面を学びましたように、「今は自分を出さずに相手の言うことをよく聞くときだ」「自分を否定して会社のことを一所懸命勉強するときだ」という場面があります。あるいは逆に、外の世界を否定して自分を主張するべきときもあります。たとえば、大事なプレゼンともなれば、そこに社長がいようと会長がいようと専務がいようと関係なしに、自分を大いに主張していいわけです。

さらに自分も外の世界もなくなる世界。これは坐禅を例に説明しましたが、ランニングであろうと体操であろうと一所懸命打ち込んでいると、家族のことも会社のことも自分自身のことも忘れてしまいます。スポーツでは「ゾーンに入る」という言い方がありますが、何もかも全部忘れて一心に打ち込んでいる状態です。精神が一つに集

中されていって、すべてが消えてしまい、至福の喜びだけがあるような状態になるのだろうと思います。

今日は一日休みだからすべてを忘れて山登りしようというように、自分も外の世界も全部忘れた空っぽの世界を持つというのもいいでしょう。しかし、そこに止まってはいけない。月曜日になって会社に行けば、自分も周りの人も楽しむように仕事に打ち込まなくてはいけないのです。

こういう四つの状況がある中で、今はどの状況なのかということを自分が主体性を持って見極めることが大事です。「今は自分を抑えて会社を立てなければいけない」「今は自分を抑えて家庭を大事にするときだ」「いや、ここは家族よりも自分のことをやらせてもらわなくてはいけない」というように、自分が主体性を持って選んで決める。自分が判断するのです。

ここぞというときには自分も外の世界も関係なくなります。いいヘッドフォンをすると外の世界の音は一切聞こえなくなりますが、そのようにして一つの世界に没入する場合もあるでしょう。そしてまた、自分も生かし、人も楽しむ。周りも立てて自分も喜びながら共に語り合い、共に楽しみ合う場面もあるでしょう。今はこの四つの場面のどの状況であるかということを自分が主体性を持って選んで、自分がその場面を設定していくのです。

自己否定ばかりだと思うから行き詰まるのです。しかし、自己否定が百年も続くということはありません。今は自分を抑えるとき、今は自分を出していいとき、今は共に消えて無になるとき、今は共に生かすときというように、それぞれの場面を自分が主体的に見定めていく。今は自分を殺していこう、今は自分を生かしていこうと自分が主体的に場面の切り替えをしていく。これはわがままになるということとは次元が違います。

主体性とわがままの違いを尋ねた学生さんにはここまで詳しくは説明しなかったように記憶していますが、こういう四つの場面があることを学んで、今はこういうときだということが客観的に自分でわかっていれば、次に場面が展開するときが来たら、そこで主体的に切り替えていくことができるでしょう。主体的に生きるとは、そういう生き方です。

我も人も生かすというのは自己否定を通じてこそできることです。だから、「愛は自己否定を通して、つねに創造的である」と大拙先生は言われているのです。

●「喝」には四つの働きがある

臨済の喝が「上堂」でも出てきましたが、この喝の具体的な働きについてお話ししておきます。実は喝には四つの種類があります。臨済禅師は、次のように言っています。

有る時の一喝は、金剛王宝剣《こんごうおうほうけん》の如く、
有る時の一喝は、踞地金毛《こじきんもう》の獅子《しし》の如く、
有る時の一喝は、探竿影草《たんかんようぞう》の如く、
有る時の一喝は、一喝の用《ゆう》を作《な》さず。

これは「四喝」と言って、禅の大事な教えです。
四喝の一つ目は「金剛王宝剣《こんごうおうほうけん》」といって刀のような喝です。これは外の世界を断ち切るという働きです。外界にどんなことが起こっても心を動かさないという働きです。
今はいろんな情報が大量に入ってきて、私たちは常に判断をしなければなりません。

スマートフォンから絶え間なく情報が入ってくるのは脳に悪い影響を与えるのではないかということも言われています。詳しい理由はわかりませんが、ときには外の情報を断ち切る場合も必要であろうと思います。

外界にどんなことが起こっても心を動かさないように断ち切る働きというのは、よく切れる名刀で断ち切るように「喝」と自分自身を一喝するのです。そういうふうにして、ときには外の情報を断ち切ってみるわけです。

二番目の喝は「**踞地金毛の獅子**《こじきんもうのしし》」です。これは大地に蹲《うずくま》っているライオンのような喝です。百獣の王ライオンといっても絶えず動いていては力が枯れてしまいます。だから、ときには力を蓄えるためにじーっと大地に蹲っています。しかし、死んでいるわけではありませんから、いつでも立ち上がって飛びかかれるぞという気力を内に秘めてライオンは蹲っているのです。

この喝は、外の情報を断ち切り、内に向かって「自分とは何か」と心を集中する働きです。今のようなコロナ禍では、そういう場面、そういう時間や機会をつくることは大事だろうと思います。そのようにして外界の情報に振り回されないようにして、自分自身の内を見つめてぐっと力を蓄えるのです。

しかし、それだけでは禅にはなりません。そこで三番目の喝があります。これはちょっと難しい言葉ですが、「**探竿影草**《たんかんようぞう》」といいます。魚を獲るための仕掛けというのが元来の意味です。これは要するに、相手の様子を知るための喝です。今の社会の様子を知り、周りの状況をよく理解する智慧の働きです。

喝と言っても、ただ単に怒鳴っていればいいというものではありません。あるときには外の情報を断ち切って、そしてぐっと自分の内側を見つめる。しかし、それで終わったのでは何もなりません。心の平静さが保たれたならば、相手が今どういう様子であるのか、周りはどういう状況であるのかということをよく理解する智慧の働きがなくてはなりません。

コロナウイルスにしても、今でもまだ本当のところはよくわかりません。どういう変異をしていくのか、変異型に効果のあるワクチンがどうなるのかというようなことは十分にわかっていません。ですから、まだまだ周りの状況をよく観察して理解をすることが必要です。

四番目の喝は「**不作一喝用**」です。これは「**一喝の用**《ゆう》**を作さず**」と読みますが、これは「かあーっ」というような言葉では表現をしません。朝会えば「おはよう」という言葉になり、お茶を淹《い》れてもらったときには「ああ、ありがとう」という言葉になり、知り合いに会ったときには「今日はご機嫌いかがですか」という言葉になる。喝という限定した言葉ではなくて、大慈（慈しみ）、大悲（憐《あわ》れみ）の心で「今日はご機嫌いかがですか」「今日はなんだかお疲れのようですけれども大丈夫ですか」「どうぞ無理をしないでくださいね」というようにして相手のことを思いやる言葉として発せられる喝です。「かあーっ」と怒鳴ったり叫んだりというような働きではなくて、日常の言葉で働いていく「大慈、大悲」の喝です。

以上の四つの喝は、仏に至る階梯《かいてい》に通じています。最初の喝である金剛王宝剣は、刀のように外界の誘惑を断ち切ると言いました。外の情報は大事ですけれども、それに振り回されていては主体性が失われていきますから、ときには外の誘惑を断たなければなりません。これを仏教では「**戒**」と言います。

二つ目の喝である踞地金毛の獅子は、自分の内に向かって「自分とは何か」ということに心を集中させていくと言いました。その結果どうなるかと言えば、心の平安を得ることができます。これを仏教では「**定**《じょう》」と言います。心を安定させることです。

しかし、心を安定させることが禅の目的ではありません。その目的は、心を安定させて正しい状況を判断できるようになる「**智慧**」をつけることです。その智慧の働きをする喝が三つ目の探竿影草です。

そして智慧の働きで正しい状況が判断できるようになると、その時々に相応しい思いやりのある行動をとることができます。これが四つ目の喝である不作一喝用で、これによって「慈悲」の心を持つことができるのです。

四つの喝はこのような関わりを持っています。これは仏教の具体的な人間の形成、人間の理想像を説いているものなのです。

●四無量心――「慈」「悲」「喜」「捨」という四つの心

今お話しした「大慈、大悲」を仏教では「慈」「悲」「喜」「捨」という四つの心に分けています。これを「四無量心《しむりょうしん》」と言います。一つひとつ簡単に紹介しておきましょう。

まず「慈」というのは、何かを与えたいという思いやりの心です。相手が寒そうにしているならば、「どうぞ温かくしていってください」と温かい飲み物でも差し上げるというように、相手に対して何かして差し上げようという心が「慈」の心です。

次の「悲」というのは、相手の苦しみを取り除こうとする憐れみの心です。仏教というのは非常にこのへんが深くて、相手の苦しみを自分のことのように感じて、その苦しみを除いてあげたいと思う。そんな憐れみの心を「悲」といいます。

本当につらい苦しい思いをしている人の傍にいて何もしてあげられないというような無力感に苛《さいな》まれながらも、その人の苦しみや悲しみを感じて、ただ傍にいてあげるような気持ちを「悲」というのではないかと五木寛之先生に教えていただいたことがあります。そういうふうに働く心が「悲」の心です。

三つ目は「喜」です。これは人々が楽を得るのを見て喜ぶことです。この間、新聞の記事である精神科医の先生がおっしゃっていました。大変な状況にある患者さんと同じ気持ちになることは簡単なのだ、と。「大変ですね、今おつらいですね」というような気持ちにはすぐになれるのだけれども、自分の患者さんが「今度結婚することになりました」というときに、心の底から「よかったねぇ」と言うのはなかなか難しいのだと。「よかったねぇ」と口では言っても、本当に心の底からよかったと思っているかというと、自分の反応の仕方はどうしても十分ではないと感じる、ということを書いていていました。

なるほど、人間というのはそうだろうなと思います。自己中心の思いというのは簡単に取れるものではありません。悲惨な状況にある人には「お気の毒に」という気持ちにはなりやすいのですが、相手にいいことがあったときに、「本当によかったね」

という気持ちにはなかなかなれない。「よかったね」と言いながら百パーセント喜べない、というのが人間の正直なところではなかろうかと思います。その人の喜びを自分の喜びとすることができたならば、これは一番すばらしい働きであろうと思いますが、簡単なようで難しいことです。

四番目は「捨」です。「捨」の心とは、かたよらぬこと、心が平等であること、常に平静であることなどを言います。いろんなものを与えてくれるとか、憐れみの心を持って接してくれるとか、一緒に喜んでくれるというのも相手にとっては有り難いのですけれども、どんなことがあっても、いつも平静で見守ってくれているというのが一番大きな力になるのです。

故郷のおやじ、おふくろ、田舎のおじいさん、おばあさんは、こちらがどんなに大変な思いをしていても、あるいは逆に、どんなに嬉しいことがあったとしても、いつも変わらずに接してくれます。そういう人になるというのが、一番相手に安らぎを与えることができるのであろうと思います。これが慈悲の究極の姿です。

相手に何かをしてあげる「慈」は比較的やりやすい。相手の悲しみと一つになる「悲」は、「慈」よりもちょっと高い次元にある。しかし、一緒に悲しむより一緒に喜んであげる「喜」はさらに難しい。もう一つ言えば、何があっても平静で偏らぬ平等の心で見つめる「捨」というのが一番の理想であろうと思います。

●人間の理想の成長段階を示す「四賓主」

最後にもう一つ、『臨済録』の世界を「四賓主《しひんじゅ》」というもので学んでおきたいと思います。「四賓主」では、今まで学んできた人間の修行の段階を四つに分けています。第一段階は「賓中賓」です。これは「朝から晩まで己に迷って物を追いかけ回す」という段階です。「己に迷う」とは、自分自身を見失ってしまっている状態です。もっと言えば自分自身の尊さを見失ってしまって、目に映る外のものばかりを次々に追いかけていくことです。

たとえば、「ああ、今度、新しい製品が出た。また新しいのが出た」というように、物ばかりを追いかけ回している。禅語では「終日、紅塵《こうじん》を走って、自家の珍を失却す」と表します。「紅塵」とは街、巷《ちまた》です。朝から晩までを街を走り回って、「自家の珍」自分自身のすばらしい宝を見失っているというのです。それではいけません。

そこで第二段階の「賓中主」に至ります。これは、「こんなことではいけない」と菩提心を起こして一所懸命に修行をし、自分も外の世界も無であり空であるという境涯に達するという段階です。自分もなければ外の世界もないという、先ほどの一円相の世界を体験するのです。しかし、「無」「空」の境涯に達したからといって、そこでは終わりません。

今度は第三段階の「主中主」に移ります。これが今勉強した「大慈大悲」の段階です。本来の自己のすばらしさに目覚めて、「無縁の慈悲」を起こすのです。「無縁」というのは「限定されない」ということです。どんな人に対しても慈悲の心を起こして、人々のために尽くしていこうという気持ちを持つようになるのです。

禅語では「一たび赤心にし来たって国に報じてより、辺頭の刁斗《ちょうと》曾て聞かず」と表します。国の平和のために、「赤心」という自分の真っ正直な心、真心をもって尽くす。そして、どこの地方でも軍事の音が聞こえることがなくなるように働いていこう。そういう慈悲の心を起こしていくということです。

この「四賓主」では、そこからもう一つ先の修行の段階があります。それは慈悲を忘れるという段階です。誰かに慈悲を施すのではなく、自らが慈悲になるのです。本人は慈悲を知らないし、意識もしないけれど、その人の傍に行くとそれだけで癒される。これが第四段階の「主中賓」です。

中島敦の『名人伝』という短編小説があります。主人公は百発百中の弓の名人である紀昌という人です。その弓の名人が、あるとき街に下りてきて古道具屋に行って弓を見て、「これは何をする道具ですか」と聞くのです。古道具屋の主は、「あの弓の名人が弓を忘れた」と驚くのです。これは紀昌が「主中賓」という段階に達したことを表わしています。自らが名人であることも忘れてしまうという境地です。

山岡鉄舟の「猫の妙術」という剣術の極意を表す話があります。猫はネズミを捕りますが、ネズミ捕りにも名人（名猫）がいるというのです。腕力でネズミを捕まえるのはまだレベルが低い。もっと高いレベルになると、気の力でネズミを威圧して動けなくして捕まえてしまう。しかしそれをさらに極めていくと、何もせずにただ無心で傍に行ってネズミを捕まえることができるようになるというわけです。

これは見事だというので、ネズミ捕り名人の猫に「どうか極意を教えてくれ」と聞くと、その猫は「力で押さえようとするのであれば、ネズミはいつまでたっても捕まえられない。気力で押さえようとするのは小さなネズミならいいかもしれないが、なかなか全部は捕まえられない。だから無心になることだ」と話しました。

しかし、そのあとで名人の猫は、「自分もまだ完全ではない。自分が出会った猫の中で究極のネズミ捕り名人を知っているが、その猫は朝から晩まで日向《ひなた》で寝てばかりいる。ネズミを捕るところを誰も見たことがない。しかし、その猫のいる村にはネズミが一匹もいなくなるのだ」と言いました。

これが「主中賓」という理想の段階なのでしょう。何も意識をしないけれど、自然と目的が達せられてしまうわけです。慈悲を意識しない、人を救おうなんて意識もないけれど、その人の傍に行くだけで何か救われる心地がする。これを禅では「閑古《かんこ》錐《すい》」というような言葉で表現しています。

この「賓中賓」—「賓中主」—「主中主」—「主中賓」という四段階は、『臨済録』の中で私たち人間の理想の成長過程として説かれています。

●本来の「わたし」は何一つ穢れていないと気づいた遊女

この講座の終わりに、『臨済録』を人生において実践された方々の逸話を紹介してみたいと思います。

一つ目はちょっと古い話ですが、私が非常に好きな話で、『臨済録』の「無位の真人」真の自己に目覚めるという教えが実際に救いになったという具体例です。これは白隠禅師の「年譜六十七歳」というところに出てくる「大橋女を度す」という話です。宝暦年間といいますから十八世紀中頃の話です。

大橋というのは女性の名前です。この方は江戸の武士のお嬢さんでした。父親は家禄千石をいただいているというそこそこの武士だったようですが、事情があって浪人になってしまい、江戸にいられなくなって京都に移りました。娘と弟と両親はどうにか暮らしていましたが、やがて生活に困窮します。そこでお嬢さんは両親に言いました。「こうなったからには私の身を売ってください」と。京都には島原という遊郭がありました。そこに身売りをするというのです。

しかし両親は元武家ですし、我が娘をそんな苦界に沈めることは死んでもできないと反対しました。しかし、お嬢さんは「このままいけば親子四人飢え死にしてしまう。私一人がつらい思いを一時してお金を得れば、お父さんお母さんと弟はどうにか暮らしていける。やがて私を身請けして救ってくだされればいいんです」と説得しました。結局、両親も娘の意見にしたがって、泣く泣く娘の身売りをします。そして娘は大橋という名で、島原の遊郭で暮らすのです。

大橋は親のため、家庭のためと思って決意をして苦界に身を置いたのですが、武家の娘として生まれた自分がどうしてこんな苦界に身を沈めなければならないのかと、自らの運命を恨まないわけにはいきませんでした。毎日毎日「なぜこんなことにならなければいけないのか」と思っていると、その思いが体に悪影響を及ぼしたようで、とうとう病気になってしまいました。お医者さんからも見離されてしまうほどの重い病気です。

そのとき、一人の男性が現れました。どうもこの人は禅をやっていたようなのですが、大橋にこんなことを言いました。「あなたの病気は非常に重い。どんなにお金を費やしても治らないかもしれない。しかし、あなたが救われる道が一つあるかもしれない。信じないかもしれないけれど、ほかに手立てはないからやってみる気はないか」と。大橋は藁《わら》をも掴む気持ちで「その道を教えてください」と男性に頼みました。すると、男性は大橋に次のような禅の問題を与えたのです。

行住坐臥に見る者何者ぞ、聴く者何者ぞと切々に返観して怠らざるときは仏性忽然として現前せん。

（行住坐臥に見る者は何者であるか、聴く者は何者であるのかということを疑っていきなさい。そうすれば仏の本質が現れるだろう）

『臨済録』の中に、「今この目の前で話を聴いているのは何者か、それが仏である」という言葉がありました。それを質問の形で与えたのです。

今、話を聴いている者は何者か。話を聴けば外の情報に振り回される。では、それを聴いている者は何者か。『臨済録』では、耳が聴いているわけではないと言っています。聴いている者が何者なのかは言葉では表現できないけれども、命といえば命というものがあって聴いているのだ、と。強いていえば、本来の自己、本当の自分、命そのものが聴いているのです。

苦境の身にあると、自分の外の世界、自分の環境、自分の運命しか見えなくなってしまいます。でも、「歩いているとき、止まっているとき、坐っているとき、寝ているとき、日常のすべてにおいて、それを見ている者は何者か、それを聴いている者は何者かと、ひたすら疑って見つめていけ」というのです。そうすれば仏が現前して、あなたは救われるだろうと。

そう言われた大橋は、道を歩いていたら「今、歩いている者は何者か」、お手洗いに行ったならば「今、用を足している者は何者か」というように、ひたすら疑って見つめる工夫をしていきました。すると、だんだん精神がその問題に集中されていきました。

ある日、夕立があって雷が鳴りました。雷が嫌いな大橋は、「ああ、恐ろしい」とぶるぶると震えていましたが、とうとう雷が近くの庭にガラガラガラーンと音を立てて落ちました。そのときに大橋はハッと気づきました。「聴いている者は何者かというのはこれだったのか。雷がガラガラガラッと鳴るのを全身全霊で聴いている者がここにいた」と。現実の自分は確かに武家の身でありながら落ちぶれて苦界に身を沈めて毎日こんな暮らしをしなければならない。しかし本来の自己はその中にあって何ら穢《けが》れてはいなかったのだと気がついたのです。

本来の自己、本来の心、本来の私の命は、傷一つついていないのです。なんの穢れもない命そのものが厳然としてここにあったのです。

映画を見ていると、いろいろな場面が出てきます。それを見て、我々は一喜一憂します。しかしながら、スクリーンそのものにはなんの傷も埃《ほこり》もついていません。それと同じように、本来の「私」にはなんの穢れもないのです。

そのことに気がつくと、大橋には恨みの気持ちがなくなりました。すると、一日一日体が良くなっていって病気も回復していきました。想像するに、表情も変わって明るくなっていったのだろうと思います。

そうすると、人間には良いことが転がり込んできます。ある日、お金を払って大橋を身請けしようという人が現れました。身請けをされて、大橋はその旦那と一緒になって幸せに暮らしたというのです。

大橋は後に白隠禅師に出会います。そのとき、自分の身の上に起こった話をしました。白隠禅師は話を聴いて、「それはまさに禅の目覚めだ。あなたが教わったものはまさしく禅の教えだ」と言いました。大橋という女性は坐禅を習ったわけではありませんし、仏教を習ったわけでもありません、しかし、見たり聴いたりしている者は何者であるかという、この一つのことを疑っているうちに、本来の自己は何一つ穢れもなかったことに気がついて苦界を脱したのです。

夫婦となった大橋は幸せに暮らしましたが、残念ながらご亭主よりも先に亡くなりました。後に残ったご亭主は、奥さんのために法事を務めました。そのとき白隠禅師はすでにお亡くなりになっていて、一番弟子の東嶺和尚がお参りに行きました。お参りに行くと、普通はお位牌を用意しています。今ですと遺影ですが、この時代は写真がありませんからお位牌を用意して、そこでお経を読みます。ところが、その家にはお位牌がなくて、観音様だけが祭ってありました。東嶺和尚は旦那さんに聞きました。「奥様のお位牌はないのですか」。旦那さんは言いました。「私の妻は観音様の化身でした。ですからこの観音様が我が妻です。どうぞこの観音様にお経を上げてください」と。

これが白隠禅師六十七歳のときに出会った遊女大橋の話です。

●「人境倶不奪」の世界を目指して実現した伊庭貞剛

次は前にも少しお話しした伊庭《いば》貞剛の逸話です。伊庭貞剛は近江（滋賀県）の生まれで、第二代住友総理事を務めた方です。住友本家は経営の実権を持たずに象徴として存在していて、実務は総理事が務めていました。初代の総理事は広瀬宰平で、伊庭貞剛は広瀬宰平の甥にあたります。

伊庭貞剛の地元の近江に西川吉輔という国学者がいました。この人はいわゆる勤皇の志士で、晩年は生國魂神社の宮司になります。伊庭貞剛は幼少の頃よりこの人の影響を非常に強く受けて育ちました。そして、鳥羽伏見の戦いのあたりから京都御所を守る禁衛隊に入り、維新を迎えると明治新政府に入っていくのです。

伊庭貞剛は国のために生涯を捧《ささ》げて働きたいという思いで一所懸命働きました。しかしながら、明治新政府も途中で西郷隆盛が排除されてしまったり、だんだん腐敗堕落をしていきました。その様子を目の当たりにして、理想とは違うという違和感を抱くようになります。そのときに叔父の広瀬宰平とのご縁があって、国のために力を捧げるのであれば近代化に向けて産業を興し、国力を強めていくことも大事ではないかという考えに至り、住友で働くことになるのです。

住友は江戸の元禄の頃から伊予（愛媛県）の別子銅山を開発・管理していました。明治維新の頃、新政府の意向で銅山を手放さざるを得ない状況に直面しますが、別子銅山は住友が一番大切にすべきものだといってそれを阻止して、今日の近代工業の基盤を築いたのが広瀬宰平でした。広瀬宰平は敏腕で、この別子銅山の開発を進め、銅を次々に生産して住友を発展させました。

しかし、光あれば必ず影があります。東の足尾銅山の公害問題が田中正造によって明るみにされた頃、別子銅山でも公害の問題が大きく取り沙汰されてきました。しかし、広瀬宰平は昔の考え方で、金銭で解決すればいいという立場でした。地元の農民たちを住友が買い占めた土地で小作人として使っていたという理由もあったようです。

ところが、伊庭貞剛はそういうわけにはいかないだろうと考えました。当時、伊庭貞剛は広瀬宰平に次ぐ住友のナンバーツーの立場でしたが、問題を解決するために単身、総支配人として別子銅山に赴くのです。完全なアウェー状態ですから、最初は皆から石を投げつけられることもあったようです。

この伊庭貞剛が京都で暮らしていたとき、親類に天龍寺のお坊さんがいたらしく天龍寺とご縁が深くなって、托鉢のお坊さんたちを伊庭家に泊めたり食事のお世話をしたりしていました。その中に橋本昌禎《しょうてい》という禅僧がいました。この方は峨山《がざん》老師といって、明治時代を代表する禅僧の一人です。数えの四十八で亡くなっていますが、明治維新の戦火に巻き込まれて天龍寺が焼失したのを再建するという一大功績があった方です。

伊庭貞剛はこの橋本峨山老師と親しくなって参禅もしたということです。伊庭貞剛が一八四七年の生まれ、橋本峨山老師が一八五三年の生まれで、伊庭貞剛のほうが六つほど年上ですから、お互い肝胆相照らすような仲だったのではなかったかと想像します。『住友を破壊した男　伊庭貞剛伝』（江上剛・著／ＰＨＰ研究所）という小説によれば、伊庭貞剛は別子銅山に単身乗り込んでいくときに、峨山老師に何かいい本がないかと相談をしたそうです。すると峨山老師は「本など読む必要はない、しかしどうしてもと言うなら、これを読みなさい。はなむけに差し上げよう」と『臨済録』を手渡しました。

あの時代の『臨済録』は漢文で書かれたものしかなかったはずですから、伊庭貞剛は漢文で『臨済録』を読んだのでしょう。そして、その中にあった「信不及」という言葉から「自分自身をどこまでも信じることこそ大事だ」と、困難な仕事に立ち向かったのです。地元住民から石を投げつけられてもへこたれず、地道に別子を再興していき、五年の後、問題を解決して「五カ年の跡見返れば雪の山」という句を残して別子を去るのです。この長き苦難の日々を支えたのが『臨済録』だったというわけです。

『説苑《ぜいえん》』という中国前漢の時代の故事や説話を集めた本があります。その中に「逆命利君謂之忠（命に逆らいて君を利する、之を忠と謂う）」という言葉があります。主君の命令を聞いて主君のためになるのはいいことです。逆に、主君の命令を聞いて主君をだめにしてしまうこともあります。これは主君に対する媚《こ》び諂《へつら》いが原因です。ですから、ときには主君の命令に逆らっても、それが主君のためになると信じて立ち向かわなければならないこともある。これを「忠」というのであると。

『臨済録』には「仏に逢うては仏を殺す」という言葉があります。伊庭貞剛は、当時の住友総理事であった広瀬宰平の言葉に逆らって、別子銅山の公害問題を解決することが住友を救うと考えました。住友を守ろうというのではなくて、住友を破壊してもいいという覚悟を持って行動し、結果として住友を生かしていったのです。この行動には、「仏に逢うては仏を殺す」覚悟がなくてはいけないという臨済の言葉が関わっているのではないかと言われています。

先にお話しした臨済の「四料揀」の四番目に出てきた「人境倶不奪」の世界、主観である人と客観である自然が奪い合わないような世界を伊庭貞剛は目指したのです。別子銅山は環境を侵し続けているような状態にありました。それで企業が盛んになったとしても、環境が破壊される一方ではだめなのだと伊庭貞剛は考えました。そこで膨大な植林事業を始めました。山を元に復して環境を生かし、そして住友という企業も別子銅山も生かしていく。お互いを生かし合うという「人境倶不奪」を実現したのです。そこに『臨済録』が大きな力として関わっていたということです。

●女性解放運動に生涯を奉げた平塚らいてうの原動力となった『臨済録』

もう一人、前にも触れた平塚らいてうの話をしようと思います。

雑誌「青鞜《せいとう》」に寄稿した文章のタイトル「原始、女性は太陽であった」という言葉がよく知られていますが、平塚らいてうは深く禅に傾倒していました。明治十九年の生まれですが、破天荒な一面もあった方です。

平塚らいてうは大正時代から女性の様々な権利の実現に向けて精力的に活動していました。日本における女性の参政権は昭和二十一年に初めて実現しましたが、婦人参政権の実現も平塚らいてうたちの活動によってもたらされたと言っていいと思います。

この間、ある女子短大の先生とそんな話をしていたところ、先生は私に言いました。「管長様、今の女子大生にそんなことを言っても、別に私は選挙権なんかなくてもいいです、と言うんですよ」と。苦労に苦労を重ねた末にようやく認められた参政権なのに、数十年もたてば、選挙があっても半分の人は行かない。若い人たちはそんな苦労があったなんて露も知らないのです。考えさせられる問題だと思いました。

『原始、女性は太陽であった　平塚らいてう自伝』（大月書店）を読んでみますと、らいてうは最初、明治になって日本に入って来たキリスト教の教えを学んでいます。そこでは神様について説かれるわけですが、キリスト教の神様は私たちから遠く離れたところにいて、この世は神が創ったものであり、私たち人間は罪の子であるとされます。しかし、らいてうは神と我々となぜ二つに分かれるのかと疑問を抱きました。なぜこのように分断されるのか、本当の神であれば、なぜそんな差別を生み出したのであろうかと、どうにも納得がいかず、疑問を感じたのです。

十九歳のときに、平塚らいてうは親しくしていた友だちの部屋を訪ねました。すると、その友だちの部屋に今北洪川老師の『禅海一瀾《ぜんかいいちらん》』という書物が置いてありました。その『禅海一瀾』をパッと開いたところ、こういう文章がありました。

「大道求于心。勿求于外。我心体之妙用。直我大道也」
（大道は心に求めよ。外に求むること勿れ。我が心体の妙用《みょうゆう》は、直《ただ》ちに我が大道なり）

らいてうが見たのは漢文で書かれた文章です。十九歳の女学生が、この文章を見て「これだ！」と思ったというのです。

平塚らいてうはこれを見てどう感動したのか。自伝の中にこう書いています。

「大道を外に求めてはいけない、心に求めよ」ということばこそ、観念の世界の彷徨《ほうこう》に息づまりそうになっている、現在の自分に対する、直接警告のことばではありませんか。（略）

わたくしは息をのむ思いで、矢もたてもなくこの本を借りうけて帰りました。

（『元始、女性は太陽であった〈上巻〉』平塚らいてう・著／大月書店）

これが十九歳のときです。今北洪川老師はそのときすでに亡くなっておりました。そのお弟子が釈宗演老師で、釈宗演老師のお弟子に釈宗活老師という人がいました。この方が東京の日暮里で開いていた禅道場に、十九歳の平塚らいてうが参禅に行きました。毎日坐禅に行って禅問答をするわけです。

あるとき釈宗活老師が『臨済録』の講義をしました。それを聞いていて平塚らいてうは目覚めるのです。

「**無位の真人**（何の位階にも汚されることのない真の自己）——**本来の面目**——**が、赤肉団上より常に出入す、看よ看よ」という老師の充実した声が、頭のてっぺんから躰の中をすっと電流のように通り抜けた感じとともに、その瞬間「わかった！」と思ったものです。**（同書）

らいてうが二十歳のときです。明治三十八年、まだ日露戦争をやっているようなときに、こういう目覚めを体験しているのです。

らいてうは、人間は皆平等である、学歴や職業で差別されることなどなく、平等の人間性というものが具わっていると確信します。そして、それが臨済の教えであり、もとをたどればお釈迦様の悟りにまでつながるのだと理解し、自信を持って女性解放運動に生涯を捧げていくのです。

今日でも完全に男女が平等かと言えば、なかなか難しい面は残っているかもしれません。しかし女性解放のために、男女平等のために生涯を捧げた平塚らいてうの原動力は『臨済録』にあったのです。そして『禅海一瀾』がそのきっかけになったというのは、私などはなるほどなと思います。

●五十人いれば五十の『臨済録』がある

最後に山岡鉄舟の話をして、この講座の終わりにしたいと思います。

山岡鉄舟居士のことは、私がとやかく言わなくてもよくご存じでしょう。勝海舟と西郷南洲との会見によって江戸城無血開城が実現して、江戸が火の海になることが回避されたわけですが、二人の間を取り持ったのが山岡鉄舟でした。これはよく知られている話です。

西郷隆盛と勝海舟の会見の場は今のＪＲ田町駅近くに碑が立っていますけれど、二人が会うというのはそう簡単なことではありませんでした。何しろ片や新政府軍の事実上のトップであり、片や幕府方の幕臣の中心人物です。二人の会談が実現したのは、徳川慶喜の命を受けた山岡鉄舟が一命を賭《と》して、単身、官軍の陣営に乗り込んでいって西郷隆盛と面会を果たし、交渉したからです。

西郷隆盛も身一つで乗り込んできた山岡鉄舟を見て、「お金も要らない、名誉も要らない、命も要らない、そういうものはほんとに手に負えない。しかしそういう人でなければ国家の大事は話し合うことはできない」と山岡鉄舟を評価しました。そんな山岡鉄舟と西郷隆盛との出会いがあったからこそ、勝海舟との会談が実現したわけです。

山岡鉄舟居士は早い時期から坐禅に打ち込んでおられました。先ほど伊庭貞剛の話で天龍寺の峨山老師の名前が出ましたが、峨山老師のお師匠さんで天龍寺の滴水という方がおられます。この滴水老師について、禅の修行を完成したと言ってもいいのが山岡鉄舟居士です。

円覚寺の今北洪川老師とも親しい間柄であったようです。今北洪川老師と山岡鉄舟居士がやり取りをしていた手紙も残っています。鉄舟居士には、お坊さんになりたいという願いがあったそうです。鉄舟居士は明治の平和な時代になって、明治維新で亡くなった多くの方々を弔うために東京の谷中に全生庵というお寺を建てています。かつては自分もお坊さんになろうと今北洪川老師に相談をしたことがありました。しかし、今北洪川老師はそれを思い止まらせました。これからわざわざお坊さんにならなくても、あなたは山岡としてやることがある。お坊さんの真似をしなくても山岡としての働きがあるはずだと言って、形だけ出家してお坊さんになることを思い止まらせたのです。そういう関係がございました。

三遊亭円朝も鉄舟居士について坐禅の修行のようなことをして、無舌居士という名前をもらっています。今でも全生庵に行きますと円朝無舌居士というお墓が山岡鉄舟居士のお墓のすぐ傍にあります。

ともあれ、そのようにして山岡鉄舟は明治の時代においては禅宗の老師や管長と呼ばれるような方に匹敵する人物として認識されていたのです。

そこである方が、単なるお坊さんではなくて現実の世の中で生きた山岡鉄舟のような人が『臨済録』をどう読んできたのかと、鉄舟居士に『臨済録』の提唱（講義）を依頼しました。最初、鉄舟居士は『臨済録』の講義であれば円覚寺に今北洪川老師という方がいらっしゃるから講義をしてもらいなさいと言って断りました。ところがその人は、「私はもう洪川老師の『臨済録』の講義は聴いています。今度はお坊さんの講義ではなくて鉄舟居士、あなたの『臨済録』を聴きたいのです。ぜひとも講義してください」と言いました。

すると鉄舟居士は「わかった」と言ってくれたのでそこで講義をするかと思いきや、「さぁ、ついていらっしゃい」と言って自分の剣道場に案内しました。そして剣を取って、道場にいた門人相手に剣道の稽古を始めました。

どれくらいの時間であったのかはわかりませんが、とにかくさんざん汗を流してから防具を外して、その人に「いかがでしたか」と。

その人は何が何やらわかりません。稽古をつけて気合を入れて、これから『臨済録』の講義をしてくれるのかと思ったら違いました。鉄舟居士は、今、剣道の稽古をつけた「これが剣客山岡の『臨済録』でござる」と言ったのです。

朝比奈宗源老師は言っています。「百姓が田を耕し、魚屋が魚を切るのも、五十人おれば五十の臨済録、法界は皆臨済録じゃ」（『人はみな仏である』朝比奈宗源・著／春秋社）と。


この話の理解を深めるために、『臨済録』の中の最後の話だけを付け加えておきましょう。臨済禅師が亡くなるときの話です。

臨済禅師がいよいよご臨終というときに僧たちに言いました。「自分がもし死んだ後に臨済の教えというのはどういうものであったかと人に聞かれたならば、お前たちはなんと答えるか」と。するとお傍に仕えていた、臨済の後継者となった三聖《さんしょう》慧然《えねん》という禅僧がつかつかと臨済禅師の前に出ていって、一喝しました。臨済の教えというのは「臨済の喝」と言われるように「喝」の一文字に集約されると思ったからです。そこで「臨済の教えはこれに尽きます」と言って、おそらく得意になって「かあーっ」とやったのでしょう。

すると臨済禅師は三聖慧然を褒めると思いきや、こう言ったというのです。「誰か知らん、吾が正法眼蔵這の瞎驢辺《かつろへん》に向《お》いて滅却せんとは」と。「瞎驢辺」というのは今では差別の言葉に当たってしまいますので説明しにくいのですが、「瞎」とは「目が見えない」という意味ですから「目の見えない驢馬《ろば》」というふうに訳せばいいでしょうか、「自分の教えはこの目の見えない驢馬によって滅びることになるであろう」と言い終わって死んだのです。

これをどう解釈するかというのは、今に至るまで議論が尽きません。

伝統の世界、私どもの伝統教団の立場では、これは三聖を貶《けな》しているようで内心は褒め称えたのであると解釈するのが定番になっています。しかし、「喝」というようなお師匠さんのやっていることを真似することしかできないようであれば、我が教えはもう滅びるであろうと言って亡くなったのではないかという説もあります。

山岡鉄舟は『臨済録』の講義を頼まれて、あえて『臨済録』にある言葉を一句も用いずに、剣客山岡として生きて働く姿こそが『臨済録』であると示しました。朝比奈宗源老師が説いておられるように、魚屋さんであれば一所懸命魚を捌《さば》いている姿がいきいきとしている『臨済録』であるし、八百屋さんであれば一所懸命大根や人参を売っている姿が『臨済録』である。皆さん方がそれぞれの場において、それぞれの立場において、一所懸命に脇目もふらずいきいきと働いている姿が『臨済録』でなければならないのです。そうでなければ、活きた『臨済録』であるとは言えないと思います。

ですから、私が最後に伝えたいことは、やはり自己のすばらしさに目覚めて、どんなところでも主体性を持っていきいきと生きるということです。臨済の教えとは、決して臨済の言葉を覚えたりするようなことではないと思います。

そういうことですから、どうぞ皆さんはそれぞれの場において、こういう苦境の中ではありますけれども、主体性を持って元気に働いてくださいますことを切にお願いをいたします。これを最後の言葉とさせていただきまして、講義を終らせていただきます。ありがとうございました。

あとがき

『臨済録』には、「当今の修行者が駄目なのは、言葉の解釈で済ませてしまうからだ。大判のノートに老いぼれ坊主の言葉を書きとめ、四重五重と丁寧に袱紗《ふくさ》に包み、人にも見せず、これこそ玄妙な奥義と言って後生大事にする。大間違いだ。愚かな盲（編集部注：現在では不適切な表現とされるが訳注ママ掲載）ども！　お前たちは干からびた骨からどんな汁を吸い取ろうというのか。

世間にはもののけじめもつかぬやからがいて、経典の文句についていろいろひねくりまわし、一通りの解釈をでっちあげて〔人に説き示す〕ものがいる。これはまるで糞の塊《かたまり》を自分の口に含んでから、別の人に吐き与えるようなもの、また田舎ものが口づてに知らせ合うようなものでしかなく、一生をむなしく過ごすだけだ」という実に手厳しい言葉があります。

こんな本を上梓して、真っ先に聞こえてくるのは、臨済禅師の叱責《しっせき》であります。

「ワシの言葉など講義して本にして何になる！」と。

もしたとえ、本を読んで何か理解したつもりになっても、臨済禅師に言わせると「それはどれも言葉の上の響きのよさだけで、生きた祖仏の心は絶対つかめぬ」ということになるでしょう。

臨済禅師が、終始仏とは遠くに求めるものではなく、「今わしの面前でこの説法を聴いている君こそがそれだ」と示されたように、今この本を手にしているあなたこそが仏なのだと気がついて欲しいと、そのことを切に願っています。

コロナ禍の最中に講義をしたものが、こうして令和五年の年頭に上梓《じょうし》されることになりました。これからの世の中がどのようになってゆくのか不安なことも多いかと思います。

どのような状況にあっても、自己の素晴らしさに目覚め、主体性を持っていきいきと生きるよすがになればと念じています。

令和四年臘月

横田　南嶺

〈著者略歴〉

横田南嶺（よこた・なんれい）

昭和39年和歌山県新宮市生まれ。62年筑波大学卒業。在学中に出家得度し、卒業と同時に京都建仁寺僧堂で修行。平成3年円覚寺僧堂で修行、足立大進管長に師事。11年、34歳の若さで円覚寺僧堂師家（修行僧を指導する力量を具えた禅匠）に就任。22年より臨済宗円覚寺派管長。29年12月花園大学総長に就任。著書に『自分を創る禅の教え』『禅が教える人生の大道』『人生を照らす禅の言葉』『名僧に学ぶ生き方の知恵』『十牛図に学ぶ』、共著に『命ある限り歩き続ける』『生きる力になる禅語』（いずれも致知出版社）などがある。

臨済録《りんざいろく》に学ぶ

令和五年一月二十五日第一刷発行

著者 横田南嶺

発行者 藤尾秀昭

発行所 致知出版社

〒150-0001東京都渋谷区神宮前四の二十四の九

TEL（〇三）三七九六—二一一一

印刷 ㈱ディグ 製本 難波製本

ISBN978-4-8009-1274-9 C0095

ホームページ https://www.chichi.co.jp

Eメール books@chichi.co.jp

装　幀——秦　浩司

編集協力——柏木孝之